Angela MARTIN

Comment entretenir sa maison au naturel

Nettoyez et détachez sans produits chimiques

Dangles
DEPUIS 1926
EDITIONS

Déjà parus aux Éditions Dangles

Agriculture et santé, Guillaume Moricourt.
Comment devenir sourcier et géobiologue, Adolphe Landspurg.
Fabuleuse Amazonie, Guy Roulier.
Habitation et santé, Jean-Paul Dillenseger.
La Médecine de l'habitat, Jacques La Maya.
La Méthode naturelle anti-âge, Guy Roulier.
Le Manuel de la vie sauvage, Alain Saury.
Le Feng Shui... ça marche !, Jennifer Chen.
Le Feng Shui, Françoise Larvaron.
Les Ondes dans l'habitat, Max Ponce.

Comment entretenir sa maison au naturel

Le présent ouvrage a été conçu pour vous donner une information aussi exacte que possible sur les sujets traités. Bien que tous les efforts aient été faits pour vérifier l'exactitude de l'information, l'éditeur ne saurait nullement en être tenu responsable, n'étant en aucun cas prestataire d'un service autre que celui d'imprimer et de diffuser l'ouvrage.

Titre original : *Natural Stain Remover*

ISBN : 978-2-7033-0680-1

Une marque du groupe éditorial PIKTOS,
Z.I. de Bogues - rue Gutenberg - 31750 Escalquens

Bureau parisien : 6, rue Régis - 75006 Paris

Angela MARTIN

Comment entretenir sa maison au naturel

Nettoyez et détacher sans produits chimiques

Dangles
DEPUIS 1926
EDITIONS

Note concernant les mesures, les ingrédients et les outils qui vous seront nécessaires.

Les poids et les mesures mentionnés dans les recettes de ce livre sont donnés à titre indicatif. Il suffit de respecter les proportions.

Une tasse, un verre, des petites cuillères, des cuillères à soupe et un seau seront le plus souvent tout ce dont vous devrez disposer.

Une tasse mesure équivaut à 250 ml. Mais n'importe quelle tasse fera l'affaire, si sa contenance est inférieure à 250 ml votre cuillère mesure sera en proportion. Mettez une tasse ou un verre qui convient de côté et réservez-le à l'usage du nettoyage. Tous les ingrédients de ce livre sont d'un usage courant dans la maison et immédiatement disponibles dans le commerce.

La crème de tartre (*kalium bitartaricum*) est vendue dans les drogueries et pharmacies.

Le Borax est vendu en pharmacie ou sur des sites internet spécialisés.

Introduction

Quel paradoxe ! Vous vous attachez à tenir votre intérieur pour vous et les vôtres aussi propre que possible mais ce faisant vous pourriez bien compromettre la santé de tous et polluer votre environnement.

Vos sols sont nets, pas un grain de poussière dans les pièces à vivre, une cuisine aseptisée, des meubles reluisants, un linge impeccable... mais qu'utilisez-vous pour parvenir à ce résultat ? Si vous utilisez les produits ménagers non organiques que vous trouvez dans le commerce vous pourriez bien être à l'origine d'un problème plus délicat que celui que vous voulez résoudre.

Faites le tour d'une maison classique et vous trouverez un certain nombre de produits chimiques à risque qui se cachent :

- Dans les placards de cuisine
- Salles de bains et toilettes
- Sur les étagères de votre buanderie
- Dans les abris de jardin

Ils peuvent se présenter dans des emballages attrayants et leurs étiquettes promettent asepsie, propreté et blancheur mais ils peuvent aussi contenir des substances qui, si vous en connaissiez la nature et les effets, vous dérangeraient.

Ainsi, saviez-vous qu'un lien a été établi entre un solvant contenu dans nombre de détergents ordinaires disponibles dans le commerce et certaines maladies respiratoires ?

Tous les jours davantage, notre environnement s'imprègne des produits chimiques présents dans les produits ménagers que nous utilisons pour nettoyer nos intérieurs. Ce ne sont bien sûr pas les seuls agents responsables de la pollution de l'air et des cours d'eau mais ils y participent. De plus, c'est à nous qu'il appartient de faire le choix de les utiliser ou non.

Si vous lisez ce livre, c'est sans doute que ce qui est vaporisé dans l'air que vous respirez, ce qui vient en contact avec votre peau ou ce qui disparaît dans votre évier vous importe. Vous voulez sûrement en savoir plus sur ce qui est utilisé dans votre intérieur et près de ceux qui y vivent. Très certainement vous vous interrogez sur la façon dont vous pourriez participer à préparer un environnement plus écologique pour vous et vos enfants dans le futur.

Souvenez-vous que chacun a son rôle à jouer et que le moindre petit pas en avant compte. Une fois ceci admis vous saurez comment y contribuer et si l'environnement en tire bénéfice, il en sera de même pour votre famille.

Ce livre vous propose de nombreuses voies pour changer vos façons d'agir au niveau de la maison. Vous serez surpris de leur simplicité et stupéfait de savoir que les produits que vous utilisez quotidiennement suffisent pour avoir un intérieur impeccable tout en respectant votre santé, celle de votre entourage ainsi que l'environnement.

Chapitre I

Pourquoi organique ?

■ Les dangers des produits toxiques

Autrefois on utilisait des substances simples pour détacher, désinfecter, laver et tout faire briller dans la maison. Ces produits s'avéraient tout à fait efficaces et il appartenait à la ménagère de les utiliser avec discernement.

Avant d'évoquer le bon vieux temps où l'on utilisait des produits simples, n'oubliez pas qu'à cette époque aussi il y avait des produits toxiques dans nos maisons.

Par exemple, l'amiante longtemps considéré comme un produit miracle pour sa résistance au feu, a été reconnu depuis comme hautement toxique. De même les parents, dont les enfants s'amusaient à mâchonner les débris de peinture se détachant des murs, ne soupçonnaient pas les conséquences désastreuses pour leurs enfants de l'ingestion du plomb contenu dans ces boulettes de peinture.

Désormais, nous sommes beaucoup mieux informés des dangers qui peuvent menacer notre santé. Nous en savons bien davantage sur la composition des produits utilisés quotidiennement à la maison, d'où notre responsabilité et notre capacité à faire les bons choix.

• L'essor des produits chimiques

Avant 1940, les produits utilisés dans la vie quotidienne servaient de produits ménagers ; voire même de produits cosmétiques comme ces produits culinaires que sont les œufs, l'huile et le vinaigre.

À la fin des années trente, on pensait que la peau était une barrière efficace contre les effets néfastes des produits chimiques innovants de l'époque.

Après la seconde guerre mondiale, la recherche sur les produits chimiques s'est diversifiée et a offert aux ménagères une large gamme de produits « miracle » pour les aider dans les travaux ménagers et de jardinage. De nouveaux produits sont apparus pour améliorer à l'infini notre confort de vie.

Avec la concurrence grandissante entre les marques, accompagnée de larges campagnes publicitaires, l'usage de ces produits s'est répandu au point que nombre de ménagères n'envisagent plus d'entretenir une maison sans les utiliser.

Pour prendre conscience de ce phénomène, il suffit de s'attarder sur les publicités qui vantent des produits ménagers. On évoque les plaintes des ménagères puis avec emphase la blancheur, l'asepsie, la pureté. Le message à faire passer en filigrane : si vous étiez une personne responsable, soucieuse de la propreté de votre intérieur et de la santé de vos proches vous choisiriez ce produit pour votre intérieur. Et de fait nous avons tendance à croire que nous ne pouvons nous mettre à l'abri des microbes et vivre dans un cadre étincelant de propreté qu'en utilisant les produits disponibles dans le commerce.

• La pollution à l'intérieur

Comme l'Agence américaine pour la protection de l'environnement l'a bien démontré, bien que la plupart des gens soient conscients des effets néfastes de la pollution de l'air extérieur sur leur santé, ils semblent moins attentifs aux effets de la pollution intérieure. Pourtant des études ont montré que les niveaux de concentration des polluants peuvent être 25 fois plus élevés à l'intérieur qu'à l'extérieur et, dans certains cas, 100 fois plus élevés.

Le haut niveau d'exposition aux polluants à l'intérieur est dû à différents facteurs. Ainsi, par souci d'économie d'énergie, les bâtiments sont parfois si bien calfeutrés que leur ventilation n'est plus correctement assurée. De telles décisions ne sont pas de notre ressort, mais nous ne pouvons nous contenter de constater ces taux élevés d'exposition aux polluants.

Il nous appartient de réduire ou même de bannir l'usage de ces produits dont les formules sont à base de composants chimiques : produits personnels, pesticides, produits ménagers. Si nous évitons d'en acheter, l'air de nos maisons sera moins pollué. Et ce sera bénéfique tant pour notre santé que pour celle de l'environnement !

« *La prise de conscience que la pollution de l'air est un problème écologique, est relativement récente. Les polluants de l'air intérieur peuvent avoir des effets à court et long termes sur la santé, en particulier lorsque leurs effets se surajoutent. C'est un défi pour les chercheurs d'aujourd'hui de nous faire comprendre les impacts qu'une exposition prolongée aux polluants divers de l'air intérieur, même à des niveaux relativement bas, peut avoir sur notre santé.* »

Agence américaine pour la protection de l'environnement, 1993.

- **Notre santé**

Les produits ménagers qui contiennent certains produits chimiques à risque peuvent représenter une menace pour notre santé et celle de notre entourage.

Certaines des substances chimiques contenues dans de nombreux produits ménagers très utilisés sont toxiques, corrosives et inflammables. L'exposition à de telles substances chimiques peut provoquer des réactions diverses telles que maux de tête, irritation respiratoire, fatigue, irritabilité, allergie cutanée et allergie oculaire, ou, plus gravement, provoquer des désordres au niveau du système nerveux, du foie et des reins. Les vapeurs produites par les produits ménagers peuvent aussi déclencher des crises d'asthme ou d'autres maladies respiratoires.

Chez certains, les réactions sont immédiates, d'autres n'en ressentiront les effets que des années plus tard. Si les expositions sont fréquentes et prolongées, les effets peuvent se cumuler. Nous faire comprendre les effets néfastes que peut avoir sur notre santé une exposition aux polluants intérieurs même à des taux minimes mais sur une longue durée, est un défi pour les chercheurs aujourd'hui.

Les enfants sont beaucoup plus sensibles aux polluants de toutes sortes que les adultes. Ils sont en cours de croissance et quel que soit le produit, il affectera plus rapidement un enfant qu'un adulte. De plus, les enfants vont fouiner dans les recoins où les résidus se cachent puis mettent les mains à la bouche.

Par ailleurs, ne négligez pas la santé de vos animaux familiers. Leur santé peut aussi être compromise s'ils sont exposés aux substances toxiques présentes dans les produits chimiques.

• L'environnement

Nous parlons parfois comme si les questions de l'environnement ne nous concernaient pas directement. Comme si le fait qu'il soit dégradé tous les jours davantage ne nous affectait en rien mais nous faisons une grave erreur :

- L'eau que nous buvons et l'air que nous respirons sont extrêmement fragiles. Il suffit de faibles quantités de solvants et autres substances chimiques pour polluer une grande quantité de l'eau que nous utilisons. Les produits chimiques présents dans les produits ménagers s'évacuent dans les rivières, les lacs, les eaux souterraines. Par exemple, les phosphates contenus dans les produits ménagers accélèrent la prolifération des algues et des plantes dans les eaux naturelles, ce qui appauvrit la masse d'eau en oxygène et entraîne la disparition de certaines espèces. En outre, l'eau envahie par les algues devient fétide.

- Les corps composés, rejetés par les produits en aérosol, provoquent la destruction de la couche d'ozone dans l'atmosphère.
- Les fumées toxiques provenant de certains produits s'ajoutent pour empoisonner l'air, c'est ce que nous appelons « pollution ».

Être vigilant et éviter de dégrader l'environnement est un premier pas pour inverser la tendance. Vous pouvez commencer par réduire votre propre consommation de produits toxiques et les remplacer par les produits biologiques proposés dans ce livre.

■ Beauté du nettoyage naturel

• Que signifie « organique » ?

Le mot « organique » désigne habituellement ce qui est naturel, non raffiné et non traité. Les ingrédients proposés dans ce livre font partie de cette catégorie et de la page 19 à 35 vous trouverez la description de chacun d'entre eux. Leur utilisation sera détaillée dans la partie : « Recettes, formules, mélanges et traitements » de la page 37 à 66 et dans le « Guide du détachage et du nettoyage de A à Z » de la page 67 à 112.

Bien que les produits organiques soient naturels certains d'entre eux présentent des dangers; ainsi, le borax est un excellent détachant et a bien d'autres usages, mais bien que ce soit un sel minéral d'origine naturelle, il est cependant toxique et doit être tenu hors de portée des enfants et des animaux.

Toutefois cette mise en garde ne concerne que très peu des produits organiques proposés dans ce livre. De façon générale, les produits ménagers organiques sont globalement plus sûrs que les produits non organiques. D'ailleurs, certains sont utilisés comme produits culinaires !

• Trois bonnes raisons de les adopter

Voici trois bonnes raisons d'adopter les produits ménagers organiques :

1. Ne plus être aussi exposé aux substances toxiques ce qui sera bénéfique pour la santé de tous.
2. L'environnement sera moins pollué.
3. Vous dépenserez moins car les produits nettoyants organiques coûtent généralement beaucoup moins chers que leurs équivalents non organiques vendus dans le commerce.

D'autres avantages : une fois que vous aurez commencé à utiliser ces ingrédients organiques, vous aurez le désir de faire vos expériences et vos propres mélanges. Vous créerez peut-être vos produits vous-même. Vous découvrirez le désir de les rendre plus efficaces, d'y ajouter un parfum naturel, de les adapter à des situations spécifiques. Vous vous sentirez plein de ressources et ceci influencera votre comportement général.

Vos enfants, en vous regardant utiliser ces produits ménagers de base pour nettoyer et détacher, seront incités à respecter davantage leur environnement chez vous comme à l'extérieur.

• Ces produits sont-ils efficaces ?

Si pendant des années vous avez utilisé des produits non organiques pour nettoyer, faire briller, détacher, alors il vous faudra du temps pour vous habituer aux produits organiques. Les produits non organiques semblent souvent produire un effet instantané sans grand effort, mais rappelez-vous, si les composants de ces produits sont efficaces, ils sont aussi dangereux. Lorsque vous les utilisez, vous inhalez des vapeurs toxiques et ils ont des effets néfastes lorsqu'ils sont en contact avec votre peau.

La rapidité des résultats justifie-t-elle l'usage de ce type de produits ? Notez aussi que plus le nettoyage se prolonge, plus vous êtes exposé aux effets nocifs de ces produits chimiques. Vous verrez que les produits organiques sont aussi efficaces.

Vous aurez peut-être plus d'huile de coude à fournir, mais dans de nombreux cas, vous serez étonné de leur efficacité sur les taches. Gardez aussi à l'esprit que depuis fort longtemps on utilisait des produits de base jusqu'au nouvel âge des « produits chimiques ». Cela vaut la peine de se pencher sur la façon dont la publicité nous influence et nous encourage à acheter toute une gamme de produits non organiques vendus dans le commerce. Oubliez les publicités et pensez à substituer aux produits qu'elles vous proposent des produits naturels.

• Un pas à la fois

Est-ce que passer des nettoyants non organiques aux produits organiques vous apparaît être un changement trop important ? Si vous ne voulez pas vous débarrasser de toutes vos bouteilles, cartons, pots de produits non organiques d'un coup, alors changez petit à petit.

Vous pourriez commencer avec une simple pâte de bicarbonate de soude et d'eau pour enlever les taches sur votre plan de travail de cuisine ou nettoyer votre évier en inox – ou une pâte de crème de tartre et d'eau pour enlever les taches sur un tissu. Vous serez très étonné de leur efficacité.

Beaucoup de recettes pour produits nettoyants organiques incluent de petites quantités d'Huiles essentielles diluées. Non seulement ces huiles parfument vos mélanges, mais elles les rendent plus efficaces. Ainsi l'essence de citron et les essences d'agrumes dissolvent le gras, et l'essence de lavande a des propriétés antifongiques et antibactériennes. Essayez les recettes contenues dans ce livre. Elles pourraient bien changer votre façon de nettoyer. Une fois que vous aurez testé vous-même leur efficacité, il se peut que vous vouliez enrichir votre expérience. On vous verra plus certainement acheter du bicarbonate de soude et d'autres produits du même genre en gros volume qu'hésiter devant un étalage de produits ménagers dans leur bel emballage en ne sachant que choisir.

■ Adieu l'utilisation des produits ménagers à risque

• Le problème du rangement

L'usage de produits nettoyants non organiques est déjà problématique mais une autre question se pose : comment et où les stocker ? En faisant le tour de la maison, vous trouverez bon nombre de résidus dangereux et parmi eux des agents nettoyants tels que des peintures, des produits chimiques et des pesticides.

- **Comment se défaire des produits toxiques en toute sécurité ?**

Débarrassez-vous des produits devenus inutiles avec prudence. Ceux où apparaît le symbole « produit dangereux » ne doivent pas être jetés ni dans les égouts ni dans les poubelles. Portez-les dans une déchetterie adaptée à ces produits. La mairie vous donnera leurs coordonnées.

Chapitre II

Les bases du détachage et du nettoyage

■ Produits de nettoyage organiques : une liste de courses

Certains des articles de cette liste se trouvent déjà sur vos étagères. Par exemple, de nombreuses cuisines disposent de bicarbonate de soude, de sel, de vinaigre, et souvent aussi de citrons car ils sont utilisés dans de nombreux plats et sauces. Ces éléments à eux seuls suffisent comme produits ménagers. Apprenez à les connaître, découvrez leur efficacité.

Puis ajoutez en d'autres à la liste ci-dessous petit à petit. Tous ces articles sont disponibles en grande surface.

• Les douze basiques

1/ Bicarbonate de soude
2/ Borax
3/ Crème de tartre
4/ Essence d'eucalyptus
5/ Glycérine
6/ Citrons
7/ Savon pur (savon de Castille)

8/ Sel
9/ Eau de Seltz
10/ Vinaigre blanc
11/ Cristaux de soude
12/ Huiles essentielles diluées

- **Description du produit**

1. Bicarbonate de soude

C'est une poudre légèrement alcaline qui est par conséquent utilisée pour neutraliser les acides doux. C'est un excellent nettoyant, détachant et désodorisant. Gardez-le à portée de main dans la cuisine, la buanderie, la salle de bains...

Il a maints usages et permet de :

- Nettoyer le brûlé au fond des casseroles et des poêles avec une pâte de bicarbonate de soude et d'eau (recette page 75).
- Raviver votre argenterie en la plongeant dans une solution de bicarbonate de soude et d'eau bouillante (recette page 70).
- Éliminer les vieilles taches d'encre sur tissus et moquettes en appliquant une pâte élaborée à base de bicarbonate de soude et d'eau.
- Ajouter du bicarbonate de soude à du vinaigre pour faire un produit nettoyant efficace pour salle de bains (recette page 45).

2. Borax

C'est un sel minéral qui se forme naturellement. C'est une combinaison d'acide borique et de soude qui a des propriétés blanchissantes. Dissous dans l'eau, le borax apparaît comme une solution alcaline antiseptique qui s'utilise comme désinfectant, adoucissant d'eau et détergent.

Une des propriétés majeures du borax est qu'il permet de dissoudre le gras et la saleté, ce qui en fait un détachant efficace.

Vous pouvez :

- Utiliser le borax dans l'eau chaude pour absorber les taches de sirop sur les moquettes et textiles (recette page 104).
- Ajouter du borax à du bicarbonate de soude dans un mélangeur afin d'obtenir un excellent produit de nettoyage pour la salle de bains.
- Fabriquer à l'aide de borax, de glycérine et de savon liquide de Castille, une solution à vaporiser sur les taches rebelles (recette page 62).
- Enlever les taches sur de la laine en la tamponnant avec une solution de borax et d'eau chaude (recette page 107).

Remarques : – Le borax est différent de l'acide borique.
– Le borax est un **poison** à tenir hors de portée des enfants et à l'écart des animaux.
– Porter des gants de caoutchouc lors de l'utilisation parce qu'il peut entraîner des irritations de la **peau et des yeux, il est nocif en cas de blessures ou de peau abîmée.**

3. Crème de tartre (voir http://www.miamstramgram.com)

C'est une poudre légèrement acide, en général associée au bicarbonate de soude pour fabriquer ce qui est connu sous le nom de levure de boulanger. Elle a été fabriquée pour la première fois au début des années 1800 à partir de jus de fruits tels que raisin, ananas, mûres...

La crème de tartre est un autre détachant très performant. Vous pouvez :

- La mélanger avec de l'eau pour obtenir une pâte que vous appliquerez sur les cols de chemises (recette page 79).
- L'utiliser sur des textiles tachés de rouille : saupoudrez les taches puis plongez le textile dans l'eau chaude pour enlever la rouille (recette page 102).

4. Huile essentielle diluée d'eucalyptus

C'est une essence à l'odeur caractéristique obtenue à partir des feuilles d'eucalyptus d'Australie. Souvent utilisée comme désinfectant, c'est aussi une solution détergente pour les textiles de laine lavables. De plus c'est un répulsif naturel contre les insectes.

C'est un agent détachant efficace, qui peut être utilisé là ou d'autres produits ne conviennent pas.

Vous pouvez :

- Tamponner de l'essence d'eucalyptus sur les étiquettes pour les enlever.
- Humecter un tissu humide avec quelques gouttes pour redonner à une baignoire, surtout si elle est de couleur sombre, son bel éclat.
- L'utiliser pour traiter les taches de sang sur les textiles et les moquettes (recette page 103).
- Nettoyer les taches d'oxydation sur les surfaces chromées puis les effacer en frottant avec une feuille d'aluminium.

Note : • Garder l'essence d'eucalyptus hors de portée des enfants.
• Ne pas avaler.

5. Glycérine

La glycérine est un liquide sirupeux, incolore et inodore. Il se peut que vous en ayez dans votre placard de cuisine pour l'utiliser en confiserie pour le glaçage afin d'éviter le durcissement excessif. La glycérine est aussi utilisée pour diluer certains types de taches.

Vous pouvez :

- Faire pénétrer en frottant la glycérine dans les taches résistantes pour les atténuer avant de les mouiller et de les passer en machine (recette page 62). Imprégner les taches d'imprimerie avec de la glycérine pour diluer l'encre.
- Utiliser la glycérine pour enlever les taches sur les textiles ou moquettes (recette page 62).

6. Citrons

Le jus de citron est connu pour ses propriétés désinfectantes et décolorantes. C'est son acidité qui fait du jus de citron un décolorant léger et un agent nettoyant.
Son efficacité et son pouvoir sont renforcés par l'utilisation de bicarbonate de soude. Vous pouvez souvent utiliser du jus de citron en bouteille si vous n'avez pas de citrons frais à presser.

Vous pouvez :

- Ajouter du jus de citron au bicarbonate de soude ou au borax pour intensifier son action.
- Saupoudrer de sel un demi-citron et l'utiliser pour détacher les métaux.
- Utiliser du jus de citron, du sel et du soleil pour enlever les taches de rouille sur les textiles (recette page 102).

- Enlever les taches de thé en appliquant un peu de citron avant de laver comme d'ordinaire (recette page 107).

7. Savon pur (n'importe quel savon bio en paillettes fera l'affaire)

Vos produits ou liquides de lavage seront tant à la cuisine que dans la lingerie à base de savon pur. Procurez-vous du savon en copeaux ou faites vous-même des copeaux à partir de morceaux de savon pur.

Le savon de Castille est un savon pur qui s'achète dans les magasins diététiques et de produits naturels, sous forme liquide ou solide. Son nom vient de la région d'Espagne dont ce savon est originaire. C'est un savon doux fait à partir d'huile d'olive et de noix de coco. Il est biodégradable et ne contient ni graisses animales ni détergents de synthèse.

Vous pouvez :

- Ajouter au savon de la glycérine et du borax pour le pulvériser dans la buanderie (recette page 20).
- Le diluer dans de l'eau chaude avec quelques gouttes d'Huile essentielle de votre choix (recette page 65) pour laver les vêtements de bébé.
- L'utiliser pour le linge délicat (lingerie) (recette page 65).

8. Sel

Cette poudre cristalline blanche a une action abrasive et est particulièrement efficace associée au jus de citron.

Vous pouvez :

- Tremper le tissu taché d'œuf dans l'eau froide salée pour enlever la tache (recette page 96).

- Utiliser du sel et du jus de citron pour enlever les restes de savon sur les portes de douche (recette page 99).
- Nettoyer les projections de nourriture dans le four en les saupoudrant largement de sel lorsque le four est encore chaud. Essuyez pour enlever les résidus quelques heures plus tard.

9. Eau de Seltz

Ce doit être un des meilleurs produits à utiliser en cas d'urgence. Gardez des bouteilles à portée de main aux endroits sensibles. Versez ou vaporisez de l'eau de Seltz sur les taches fraîches dès que possible. La carbonisation – gazéification – fera monter la substance tachante en bulles à la surface ce qui vous permettra de l'absorber avec un buvard. L'eau de Seltz contient aussi du sel ce qui évitera à la tache de pénétrer.

10. Vinaigre blanc

Le vinaigre blanc ordinaire que vous achetez est très utilisé en cuisine mais c'est également un agent nettoyant adapté à des situations variées. C'est un détergent doux qui a un effet comparable à celui du jus de citron. Il peut dissoudre la graisse, combattre la moisissure et agir comme désinfectant, blanchir, désodoriser.

Vous pouvez :

- Enlever les taches d'alcool sur un textile en le laissant tremper pendant deux heures (recette page 69).
- Nettoyer, désinfecter et faire briller la salle de bains avec un chiffon trempé dans le vinaigre blanc.
- Faire chauffer du vinaigre blanc pour nettoyer les taches de peinture sur les fenêtres et miroirs.

Note : Pour chauffer du vinaigre blanc de chaud à très chaud, faites-le soit dans une casserole sur le feu soit au micro-ondes (pour une tasse, comptez une minute à feu vif ou sur thermostat chaud).

11. Cristaux de soude

C'est cette poudre cristalline qui est le composant principal dans la plupart des formules de lessive disponibles dans le commerce. Vous pouvez fabriquer vous-même votre lessive organique avec des cristaux de soude et d'autres ingrédients naturels pour bien moins cher.

Vous pouvez :

- Utiliser les cristaux de soude comme produit de base pour fabriquer vos poudres et liquides de lessive afin de laver vos vêtements de façon écologique.
- Ajouter du borax ou du vinaigre blanc aux cristaux de soude pour faire une poudre de lessive adaptée aux eaux calcaires.

12. Les Huiles essentielles diluées

Imaginez votre parfum favori flottant dans l'air de la salle de bains, du salon, de la cuisine... Rien d'artificiel, simplement la senteur exquise d'une Huile essentielle.

Ce n'est pas simplement leur odeur qui rend les huiles essentielles si intéressantes. Elles ont chacune leurs propriétés et par conséquent s'ajoutent à la liste des produits nettoyants domestiques de base. Beaucoup, telles que la lavande, l'essence de pin, de citron et la menthe sont antibactériennes. D'autres comme l'eucalyptus, le patchouli, la lavande et le citron sont antifongiques.

En fabriquant vos propres produits d'entretien vous aurez le plaisir de les parfumer selon votre choix. Vous vous apercevrez que les produits non organiques vendus dans le commerce n'offrent qu'une gamme très limitée de parfums. De plus, ils peuvent être entêtants, vous irriter la gorge et vous faire éternuer à chaque utilisation.

Gardez quelques-unes de vos Huiles essentielles diluées préférées chez vous, variez les senteurs dans les différentes parties de la maison et changez d'une semaine à l'autre.

Commencez avec celles-ci :

- Essence de citron
- Essence de lavande
- Huile essentielle de palmarosa
- Essence de citronnelle
- Essence d'orange
- Huile essentielle de tea tree

Choisissez celles qui vous plaisent puis élargissez votre gamme de façon à pouvoir varier en fonction de votre humeur et des saisons.

Quand vous achetez des Huiles essentielles prenez-les pures, sous leur forme non diluée. Les Huiles essentielles pures sont contenues dans des bouteilles en verre sombre ce qui signifie qu'elles doivent être conservées à l'abri de la lumière et de la chaleur. Rappelez-vous que quelques gouttes suffisent car ce sont des huiles très concentrées.

Dans « Recettes, formules, mélanges et traitements » page 37 à 66, vous verrez que beaucoup de recettes proposent une combinaison d'Huiles essentielles. Toutefois, vous pouvez essayer vos propres mélanges. Voici quelques idées pour vous y aider :

Cette huile essentielle	Se mélange bien avec
Citron	Camomille, eucalyptus, lavande, rose, bois de santal, ylang-ylang, autres Huiles essentielles diluées d'agrumes
Lavande	Bois de cèdre, sauge, patchouli, toutes les Huiles essentielles diluées d'agrumes et de fleurs
Palmarosa	Bergamote, camomille, sauge, géranium, jasmin, thym
Citronnelle	Lavande, rose, géranium, basilic, thym, orange
Eucalyptus	Bois de cèdre, lavande, citron, pin, romarin, thym
Orange	Toutes les Huiles essentielles diluées d'agrumes et de fleurs
Tea tree	Sauge, géranium, lavande, pin, romarin, épices (ex : noix de muscade)

Attention ! Ne laissez pas les enfants manipuler les Huiles essentielles. Elles sont concentrées et peuvent irriter la peau. Elles peuvent être diluées dans un autre liquide, comme dans les recettes de ce livre, avant d'être utilisées. Lorsque vous manipulez des Huiles essentielles, il est recommandé de porter des gants de caoutchouc.

■ Sachez vous organiser

• Commencer par le commencement

Vous allez penser que vous avez déjà un grand nombre des outils dont vous avez besoin pour le nettoyage écologique de votre intérieur. Vous avez l'essentiel dans la liste de fournitures de base ci-dessous mais il y a bien d'autres articles que vous aimerez et qui ne sont pas répertoriés. Soyez imaginatif et souvenez-vous que tout travail devient plus facile s'il est exécuté avec l'outil qui convient.

Vous pouvez ranger tous vos outils de nettoyage dans une seule grande boîte dans votre laverie. Ce peut être la pièce que vous choisirez pour préparer vos produits ménagers. Toutefois, vous préférerez peut-être garder vos produits dans différentes pièces, là où ils sont le plus susceptibles d'être utilisés, la salle de bains, la lingerie, la cuisine... Ainsi, vous aurez sous la main tout le nécessaire pour les petits travaux tels qu'essuyer l'évier.

Soyez organisé dès le début pour que fabriquer et utiliser vos propres produits nettoyants organiques ne vous complique pas la tâche. Si vous savez où et comment ranger votre matériel, ce sera bien plus agréable.

- **Fournitures de base**

Brosses

Des brosses à poils durs (à linge) sont nécessaires pour tous les travaux qui nécessitent un peu plus d'huile de coude : taches rebelles et incrustées. Par exemple, les carreaux de la salle de bains qui de temps en temps ont besoin d'un coup de brosse pour enlever les résidus de savon.

Ayez une seconde brosse pour des nettoyages à sec comme brosser le bicarbonate de soude utilisé pour enlever une tache sur une housse de canapé.

Une brosse à poils doux pour les surfaces qui se rayent facilement. Les brosses à poils doux et flexibles vous permettront d'éliminer poussières et saletés accumulées dans les coins. Des brosses à dents sont très utiles pour atteindre ce genre d'endroits, tous les robinets ou rainures sans parler des objets plus ouvragés.

Elles sont pratiques pour des petits travaux où une brosse plus large ne convient pas et grâce à leur manche fin vous pouvez atteindre le moindre recoin. Une vieille brosse à dents s'intégrera parfaitement dans votre kit de nettoyage, rangée avec vos outils.

N'essayez pas de vous passer de balai pour vos toilettes : un brossage rapide avec une quelconque composition organique gardera vos toilettes propres et détruira les bactéries.

Seaux

Les seaux sont utiles pour faire tremper des articles ou pour laver vos sols. Il vous en faut deux, peut-être un grand et un petit, quand l'un est utilisé, vous avez l'autre. Si vous voulez pouvoir le transporter avec vous pendant que vous nettoyez, prenez le de plus petite taille, une fois rempli, il peut peser très lourd.

Chiffons et torchons

Les chiffons sont indispensables pour le nettoyage. Vous pouvez en trouver dans le commerce souvent peu chers mais vous pouvez vous en couper dans un vieux drap. Les chiffons de coton sont agréables à utiliser en particulier ceux découpés dans de vieux tee-shirts ou sous-vêtements. Ils sont doux et absorbants. Les chiffons de couleur vive sont amusants mais il serait plus sage de préférer les blancs si vous n'êtes pas sûrs qu'ils soient grand teint. Sinon, vous pourriez tacher la surface que vous nettoyez avec ce chiffon.

Par ailleurs, si vous avez de nombreux chiffons à disposition, vous économiserez l'essuie-tout souvent utilisé pour éponger rapidement ou faire d'autres petits travaux. Vous pouvez utiliser aussi pour les travaux ménagers les serviettes qui s'effilochent aux bords, elles sont parfaites pour éponger rapidement un liquide par exemple.

Utilisez-les avec de l'eau de Seltz pour pomper une tache. Gardez toutes vos serviettes entières pour absorber et pour d'autres travaux, coupées en petits morceaux elles conviendront mieux.

Récipients

Vous aurez besoin de nombreux récipients pour ranger vos ingrédients, les formules, préparations et recettes données dans ce livre. Veillez à avoir des tailles adaptées. Quand vous videz votre épicerie, regardez les emballages; beaucoup pourront devenir des récipients parfaits pour vos produits de nettoyage.

Les petits pots sont parfaits pour les mélanges pâteux destinés au nettoyage des taches. Les shakers vous serviront à saupoudrer vos produits nettoyants en poudre. Vous pouvez aussi percer des trous dans le couvercle de tout récipient adapté pour cet usage.

Vous pouvez continuer à utiliser le grand récipient plastique qui contenait votre lessive non organique, cette fois pour contenir la lessive faite maison.
Vous aurez aussi besoin de bouteilles, vaporisateurs et de becs verseurs ou bouchons gicleurs. Vous en avez peut-être déjà. Vous pouvez aussi en acheter de types différents...

Assurez-vous que tous vos récipients sont parfaitement lavés, rincés au vinaigre blanc et bien secs – séchés au soleil de préférence – avant de les utiliser.

Autres articles utiles

Il serait bon d'avoir pour mesurer les quantités:

– des tasses « gigognes » pour mesurer: ¼ de tasse, ½ tasse, 1 tasse. Elles sont utilisées en pâtisserie.

- Un entonnoir si vous voulez faire des préparations dans des bouteilles au goulot étroit telles que les bouteilles à vaporisateur.
- Des petites cuillères, type cuillère à café, des grandes cuillères, à dessert, à soupe.
- Un compte-gouttes pour chaque Huile essentielle à moins que la bouteille en soit munie.

Utiles encore :

Gants de caoutchouc pour protéger vos mains. Souvenez-vous que bien que les produits utilisés dans ce livre soient naturels, il est préférable de les manipuler avec des gants.

Le borax peut par exemple provoquer démangeaisons et desquamation. Portez des gants chaque fois que vous faites des préparations; même les Huiles essentielles peuvent être agressives pour la peau.

Un balai à franges, plus pratique pour laver les planchers ou les taches que vous ne pouvez pas atteindre sans échelle.

■ Les règles du détachage

Il est important de suivre certaines règles pour traiter une tache, quelle qu'elle soit. Placez une copie de cette page à un endroit où vous pourrez la consulter facilement.

Règle 1

Traitez la tache dès que possible. Plus tôt vous la traitez plus le résultat sera satisfaisant. Les taches fraîches n'ont pas eu le temps de s'incruster.

Règle 2

Soyez patient. Il se peut que vous ayez à traiter la tache plusieurs fois avant qu'elle ne disparaisse. C'est au fur et à mesure des applications que les taches disparaissent.

Règle 3

Ne repassez pas une tache, ne mettez pas des vêtements tachés au sèche-linge. Vous cuisez la tache et il est alors impossible de la faire totalement disparaître.

Règle 4

Tamponnez, ne frottez pas la tache dans la plupart des cas. En frottant un textile, vous risquez de le faire feutrer et vous pouvez même l'abîmer voire le déchirer. De plus, cela a tendance à étaler la tache. Ce n'est que ponctuellement qu'il est recommandé de frotter en raison de la nature de la tache et du textile à traiter.

Règle 5

Travaillez de l'extérieur vers le centre. Cela vous évitera de voir l'auréole (bien connue) se former. Ceci s'applique aussi bien aux vêtements qu'aux tapis et tentures.

Règle 6

Ne soyez pas tenté de ne pas traiter les taches qui semblent incolores. Certaines comme celles laissées par les boissons sucrées prendront une teinte brunâtre en caramélisant avec le temps.

■ En savoir plus sur le détachage

• Des méthodes variées

Les taches peuvent se traiter et s'enlever en fonction de la nature et de l'ancienneté de la tache.

Pour certaines taches toutefois il suffira d'appliquer un seul ingrédient et de le laisser agir. Ainsi, vous pouvez verser de l'eau de Seltz sur certaines taches qui ternissent sols et moquettes, laisser les taches remonter à la surface et absorber le liquide avec une serviette éponge.

Dans d'autres cas, vous pouvez utiliser un peu de laine d'acier pour son action abrasive sur les taches rebelles. Vous pouvez aussi utiliser une brosse à dents pour atteindre les recoins difficiles ou traiter les surfaces ouvragées.

• Des supports différents

Quel que soit le type de tache que vous traitez, n'oubliez jamais la nature du support que vous avez à traiter.

Par exemple, cela ne vaut pas toujours la peine de détacher un vieux tissu.

Le temps peut l'avoir usé au point que tout agent détachant, même doux, peut endommager les fibres déjà fragiles.

La plupart des vêtements sont étiquetés avec des consignes de nettoyage: référez-vous à ces instructions pour connaître la résistance du textile et appliquer la méthode de nettoyage qui convient.

■ Des suggestions utiles

- Si vous voyez une tache alors que vous repassez un vêtement que vous voulez porter de suite: repassez aussi près que possible de la tache mais jamais sur la tache. Ainsi vous éviterez de la fixer. N'oubliez pas de traiter la tache plus tard.
- Le soleil et l'air sont les meilleurs moyens de sécher les vêtements. Le soleil blanchit et l'air désodorise. Si vous avez l'habitude d'utiliser un sèche-linge, sachez que c'est un consommateur d'énergie et qu'il cuit les taches qui n'ont pas été traitées. Les faire disparaître devient alors très difficile.
- Faites un test pour savoir si le tissu que vous voulez traiter est grand teint. Prenez un chiffon blanc, humidifiez-le, puis appliquez-le en faisant pression sur une partie invisible du tissu. Si la couleur teinte le chiffon, vous saurez que le tissu déteint et qu'il faudra des précautions pour traiter la tache.

Il y a certains travaux dans la maison qui, faits régulièrement, deviennent bien moins pesants. Ainsi tous les jours après usage, passez un éponge imbibée de vinaigre blanc dans la douche, vous éviterez l'accumulation des résidus de savon qui, plus tard, sont beaucoup plus difficiles à faire disparaître.

Chapitre III

Recettes, formules, mélanges et traitements

■ Commençons par faire un tour

Oui, c'est cela, faisons le tour du propriétaire. Prenez un papier et un crayon et notez tous les travaux de nettoyage qui sont à faire. Cherchez les coins sales, les surfaces tachées, les taches de terre, les traces de graisse, les métaux à faire briller, les fentes qui ont besoin d'un nettoyage, les surfaces vitrées et les miroirs tachés ou sales.

Notez bien les travaux que vous aimeriez voir faits. Puis utilisez ce livre pour savoir à quelle catégorie appartiennent les surfaces à nettoyer et le type de produits que vous pouvez utiliser.

Dans les parties principales de la maison, salon, cuisine, salle de bains, laverie... il y a des travaux de nettoyage qui demanderont des solutions bien spécifiques. En lisant ce chapitre, vous trouverez les préparations, mélanges, et modes d'utilisation adaptés à ces différents lieux.

Utilisez les recettes données ici et libre à vous de faire vos expériences. Vous aurez grâce aux Huiles essentielles un grand choix de senteurs possibles pour vos produits.

Vous apprendrez aussi avec l'expérience, les proportions d'ingrédients qui donnent les meilleurs résultats.

Cependant, faites attention : ne soyez pas tenté d'utiliser davantage d'Huile essentielle que nécessaire. Les Huiles essentielles sont concentrées et quelques gouttes suffisent à diffuser leur délicieux parfum. Ces petites bouteilles dureront longtemps surtout si vous en avez plusieurs. Conservez toujours vos bouteilles d'Huiles essentielles dans un lieu frais à l'abri de la lumière.

En général, vous pourrez conserver les produits proposés dans ce livre environ quinze jours mais il est préférable d'utiliser des mélanges récemment préparés.

Maintenant, continuons notre petit tour. Nous commencerons par la cuisine, qui est souvent le centre de la maison.

Note : Vous pouvez adapter toutes les recettes qui suivent en augmentant ou en diminuant les quantités d'ingrédients pour vos besoins particuliers. Pour vous guider, les ingrédients suivants vous serviront à :

- Le vinaigre dissout la graisse, est utilisé comme désinfectant léger, blanchit et désodorise.
- Le jus de citron dissout la graisse, décolore légèrement et est utilisé comme déodorisant.
- Le bicarbonate de soude enlève les taches et désodorise et peut avoir une action abrasive.
- Le borax enlève les taches et désodorise, blanchit et désinfecte.
- Le sel est un bon agent récurant, il est antiseptique et désinfectant.
- L'essence d'eucalyptus est utilisée comme antiseptique, désinfectant et déodorisant.
- Les Huiles essentielles ajoutent senteur et efficacité à vos produits de nettoyage.

■ Une cuisine étincelante

La cuisine est l'endroit où toute la maisonnée a tendance à se rassembler, où les gens vont et viennent, laissant tous les résidus de cuisine : débris de nourriture, liquides renversés et bien d'autres choses encore.

Du bicarbonate de soude et du vinaigre blanc feront merveille à la cuisine, comme ailleurs. Ayez du bicarbonate de soude dans un shaker sous l'évier et saupoudrez sur toutes les taches qui apparaissent. Gardez un vaporisateur rempli de vinaigre blanc pour nettoyer rapidement les taches de graisse et faire les finitions.

Le sel est très utile aussi à la cuisine et pas seulement pour cuisiner. Utilisez-le pour nettoyer vos planches à découper, elles seront tout à la fois nettoyées et désinfectées.

Les dessus de paillasses brilleront si vous les frottez tout simplement avec du bicarbonate de soude sur un chiffon humide, puis les essuyez avec un chiffon imbibé de vinaigre blanc pour enlever les résidus de poudre.

Les bouches de gaz et votre fourneau sont tachés et graisseux. Mais ils redeviendront brillants, comme neufs, si vous les trempez pendant quelques minutes dans un évier rempli d'eau chaude additionnée de 2 cuillères à soupe de bicarbonate de soude, puis frottez-les avec un tampon abrasif. Rincez-les abondamment et essuyez-les avec un chiffon sec avant de les remettre en place.

• Les meubles de cuisine

Utilisez le mélange spécial pour enlever le gras et la saleté sur les équipements tels que lave-vaisselle, micro-ondes, congélateurs et réfrigérateurs.

☞ **Mélange spécial pour meubles et équipements de cuisine :**

- 2 grandes cuillères de borax
- ½ tasse d'eau chaude
- ½ tasse de vinaigre blanc
- ½ tasse de jus de citron
- 2 tasses et demie d'eau
- 2 grandes cuillères de savon liquide de Castille
- 6 gouttes d'Huile essentielle d'orange douce
- 6 gouttes d'Huile essentielle de citron

Dissoudre le borax dans l'eau chaude, puis verser le mélange avec les autres ingrédients dans une bouteille avec vaporisateur et bien secouer. Vaporiser sur la surface du meuble de cuisine. Puis essuyer avec un chiffon propre et humide.

L'intérieur des meubles exige aussi un nettoyage. Voici des recettes pour nettoyer l'intérieur du congélateur, du four à micro-ondes et du four.

☞ **Un produit sans égal pour nettoyer le congélateur et le réfrigérateur**

Avant d'utiliser le produit dans le congélateur, l'arrêter pour qu'il se réchauffe pendant dix minutes ou laisser la porte ouverte. Enlever la nourriture et la conserver dans la glace soit dans l'évier soit dans une glacière.

- ¼ de tasse de bicarbonate de soude
- 1 tasse d'eau
- 6 gouttes d'Huile essentielle de romarin

Mélanger les ingrédients. Mouiller un chiffon doux et propre dans ce mélange et le passer à l'intérieur du congélateur. Puis essuyer avec un chiffon sec. Avant de remettre la nourriture, faire baisser la température à nouveau.

☞ Un produit nettoyant pour micro-ondes qui fait merveille

Avant de l'utiliser à l'intérieur de votre four à micro-ondes, enlever la plaque tournante et la nettoyer à part avec un chiffon humidifié de vinaigre blanc.

- ½ tasse de bicarbonate de soude
- 1 grande cuillère de vinaigre blanc
- 4 gouttes d'Huile essentielle de citron
- 4 gouttes d'Huile essentielle de thym

Faites une pâte en mélangeant ces ingrédients et appliquez-les avec un chiffon doux et propre à l'intérieur du four. Essuyez avec un chiffon humide et laissez le micro-ondes sécher naturellement la porte ouverte avant de replacer la plaque tournante.

☞ Nettoyant à four hyper-efficace

Une des tâches les plus déplaisantes dans la cuisine est le nettoyage du four spécialement si des plats ont débordé et qu'il n'a pas été nettoyé immédiatement. Voici un produit à four efficace. Quand vous verrez le résultat, cette tâche deviendra un plaisir !

Suggestion : Si vous venez de salir votre four, vous le nettoierez facilement et bien en versant immédiatement du sel sur le parties salies. Attendez quelques heures puis ramassez avec une petite balayette avant d'essuyer avec un chiffon humide.

- ½ tasse de sel
- ¼ de tasse de borax
- ½ tasse de bicarbonate de soude
- Eau chaude

Mélanger les ingrédients en poudre puis ajouter de l'eau pour obtenir une pâte. Appliquer généreusement sur les quatre parois du four. Laisser poser une heure. Essuyer avec un chiffon propre qui aura été trempé dans le vinaigre blanc additionné si vous le souhaitez d'essence de citron. Puis essuyer à nouveau avec un chiffon humide.

☞ Le produit pour nettoyer la poubelle

Si vous avez une poubelle, vous savez qu'elle peut rapidement abriter des petits vers attirés par les restes et résidus qui y ont été déversés. Pour nettoyer et désinfecter à la fois, passez un chiffon imprégné de la solution suivante dans votre poubelle.

- 1 grande cuillère de borax
- 3 grandes cuillères d'eau chaude
- 4 gouttes d'Huile essentielle de tea tree

Mélangez, passez la solution à l'intérieur et à l'extérieur de la poubelle et essuyez avec un chiffon humide et propre.

☞ Super le produit nettoyant pour évier

Si on se contente de rincer un évier inoxydable, il se ternit. Redonnez-lui l'éclat d'origine avec ce mélange très simple.

- 2 grandes cuillères de bicarbonate de soude
- 2 grandes cuillères de sel
- ¼ de tasse de vinaigre blanc

Saupoudrez l'évier avec du bicarbonate de soude et du sel et brossez en insistant sur les rainures et la grille d'évacuation. Puis rincez à l'eau chaude et pour finir, essuyez avec un chiffon humide de vinaigre blanc.

☞ Sensationnel, le liquide pour vaisselle au citron

Faites vous-même votre liquide pour laver la vaisselle à partir de savon de Castille et des Huiles essentielles de votre choix. C'est une de mes recettes favorites. Il vous servira pour plusieurs vaisselles. Vous aimerez la fraîcheur citronnée qui continuera à légèrement parfumer l'atmosphère en particulier si vous étendez les torchons dans la cuisine.

- 375 ml de savon de Castille liquide
- 15 gouttes d'Huile essentielle de citron
- 8 gouttes d'Huile essentielle d'orange
- 8 gouttes d'Huile essentielle de citron vert

Mélangez tous les composants dans une bouteille à gicleur. Agitez avant d'utiliser le mélange. Il faut 2 grandes cuillères de liquide pour chaque vaisselle.

☞ Le lave-vaisselle

Il est préférable de chercher des marques organiques vendues dans le commerce. Il y a plusieurs produits biodégradables et de bonne qualité disponibles dans les supermarchés et les magasins diététiques.

■ Une salle de bains irréprochable

Vous pouvez utiliser les produits organiques de bien des façons dans votre salle de bains. Choisissez un produit efficace à votre avis ou essayez un produit nouveau chaque semaine pour changer.

- Le vinaigre blanc est un élément de base.
  Appliquez-le sur un chiffon. Vous pouvez aussi chauffer le vinaigre légèrement, le verser dans un vaporisateur et vaporiser généreusement toutes les surfaces à nettoyer. Laissez poser quelques instants puis frottez si nécessaire avant de rincer abondamment.
- Le bicarbonate de soude nettoiera les surfaces légèrement tachées. Versez un peu de poudre dans la baignoire ou le lavabo et étalez-la avec un chiffon humide pour enlever les résidus de mousse accumulés. Pour les taches légèrement plus difficiles, étalez le bicarbonate de soude à l'aide de laine d'acier fine.
- Le borax est aussi un produit nettoyant pour la salle de bains. Utilisez-le sur un chiffon humide ou une brosse à récurer pour nettoyer la baignoire, le lavabo ou la douche.
- Une baignoire encrassée se nettoie bien mieux à l'Huile essentielle d'eucalyptus. Trempez un chiffon dans l'eau bien chaude, ajoutez quelques gouttes d'Huile essentielle d'eucalyptus et frottez pour enlever les taches: vous obtiendrez une surface parfaitement nette et brillante.
- Les robinets chromés seront aussi brillants que neufs si vous les essuyez tout simplement avec un chiffon imbibé de vinaigre blanc. Puis faites briller avec un chiffon sec.
- Pour enlever à la fois les taches d'eau et de moisissure et les résidus savonneux sur le rideau de douche, frottez avec

du vinaigre blanc chaud. Puis lavez dans l'eau savonneuse chaude, rincez, faites sécher à l'air. Vous pouvez éviter la formation de moisissures sur les rideaux de douche en les trempant dans un baquet d'eau additionnée de sel (une tasse).

- Les portes de douche en verre seront débarrassées de toutes les traces de savon si vous les frottez avec un mélange de jus de citron et de sel ou de borax et de jus de citron. Rincez abondamment.
- Enlevez les résidus de mousse sur les faïences avec du bicarbonate de soude. Puis prenez une éponge avec du vinaigre blanc pour effacer toute trace de poudre.
- Pour nettoyer les joints entre les carreaux de salle de bains, utilisez une brosse à dents trempée dans du bicarbonate de soude.

Dans la salle de bains, plus que dans toute autre pièce, les coins et recoins peuvent devenir douteux. Que faire contre ces taches rebelles sur le lavabo, la baignoire ou la douche? Essayez l'une des recettes suivantes.

☞ Sans égale, la formule effervescente pour salle de bains

Vous aimerez l'apparence pétillante de ce produit remarquable. On dirait vraiment qu'il s'attaque à la crasse!

- ½ tasse de vinaigre blanc
- ¼ de tasse de bicarbonate de soude

Mélangez le vinaigre et le bicarbonate de soude, frottez la surface à nettoyer avec un chiffon ou une brosse. Laissez agir 30 minutes avant de brosser à nouveau. Puis rincez abondamment à l'eau tiède.

☞ La poudre à récurer ultra-efficace

Cette poudre nettoie et désinfecte toutes les surfaces encrassées.

- ½ tasse de borax
- ½ tasse de bicarbonate de soude

Mélangez ces deux ingrédients dans un shaker et gardez-le sous le lavabo. Vous pouvez l'utiliser sur toutes les surfaces et enlever les taches noires en brossant. Une fois la poudre appliquée, laisser agir une heure avant de rincer.

☞ Le produit au citron qui traque la saleté

La senteur citronnée de ce produit nettoyant flotte dans l'atmosphère en laissant une fraîche odeur printanière. Le jus de citron blanchira et complétera l'action du borax pour enlever les taches.

- ½ tasse de borax
- ½ tasse d'Huile essentielle de citron

Émulsifiez ces ingrédients pour obtenir une pâte et appliquez-la sur les surfaces sales. Laissez agir 30 minutes ou plus et rincez abondamment.

☞ Chiffon magique pour les miroirs

Après un bain ou une douche, se voir dans le miroir de la salle de bains est chose impossible. Cette recette vous permettra d'éviter cet inconvénient et vous permettra de vous regarder dans un miroir sans buée.

- 1 tasse de vinaigre blanc
- 5 gouttes d'Huile essentielle d'eucalyptus

Mélangez les ingrédients dans une bouteille avec vaporisateur. Vaporisez sur vos miroirs et essuyez avec un chiffon sec.

■ Les toilettes

Oubliez les produits à l'eau de Javel ou parfumés aux senteurs de pin. Pour un nettoyage rapide, utilisez la formule effervescente pour salle de bains (voir page 45) ou les recettes suivantes).

☞ Produit nettoyant antibactérien tous usages

Ce produit peut être utilisé partout mais il est particulièrement efficace dans les toilettes où les bactéries se développent rapidement.

- 2 tasses d'eau
- ¼ de tasse de savon liquide de Castille
- 1 grande cuillère d'Huile essentielle de tea tree ou d'eucalyptus

Émulsifiez ces ingrédients dans une bouteille avec vaporisateur. Secouez énergiquement. Utilisez ce mélange pour l'entretien des toilettes, puis terminez en essuyant avec un chiffon humide.

☞ Détartrant pour la cuvette des toilettes

Un produit nettoyant délicatement parfumé pour des cuvettes de toilettes irréprochables.

- ½ tasse de vinaigre blanc
- ½ tasse de borax
- 1 grande cuillère de savon liquide de Castille
- 3 gouttes d'Huile essentielle de bois de santal
- 1 grande cuillère de teinture de vanille

Faites un mélange de tous les ingrédients et versez-les dans la cuvette des toilettes. Laissez agir plusieurs heures ou une nuit et frottez bien avec le balai à WC puis tirez la chasse.

■ Des lieux de vie soignés

Membres de la famille, visiteurs vont et viennent dans ces pièces apportant avec eux la poussière et la saleté inhérentes à la vie de tous les jours, à l'intérieur comme à l'extérieur. Quand vient le temps du nettoyage de printemps, il vous faut remettre en état la literie, les meubles, les tentures et les bibelots. Voici quelques produits nettoyants organiques qui vous seront utiles. Faites d'importantes quantités de produits si vous vous décidez au grand nettoyage de printemps.

Toutefois pour éviter de tels efforts, vous pouvez préférer un nettoyage régulier au jour le jour. Faites-le sur une semaine ou un mois afin que la tâche reste facile. Ceci est particulièrement vrai pour les taches, qui plus elles sont traitées tôt, plus elles disparaissent facilement. Vous pourriez vérifier les housses des meubles de salon une fois par mois environ et enlever la première tache plutôt que d'attendre qu'un nettoyage complet soit nécessaire.

Le mobilier dans les espaces de vie diffère d'une maison à l'autre. Voici quelques idées pour nettoyer ces lieux et ce qu'on peut y trouver. Reportez-vous au guide de A à Z pour d'autres articles. Notez que les sols sont traités à part dans le chapitre suivant.

En vous habituant à fabriquer vous-même des produits de nettoyage à partir d'ingrédients bruts, vous saurez tout ce que vous pouvez faire avec chaque produit et ce que vous pouvez obtenir en les mélangeant. Et rapidement vous serez capable d'adapter à votre guise les recettes qui suivent.

• Nettoyer les murs

Il est bon de dépoussiérer les murs de toutes les pièces de temps en temps. Utilisez un chiffon doux au bout d'un balai ou d'une brosse à long manche ou l'accessoire de votre aspirateur pour enlever la poussière et les toiles d'araignée.

Pour les marques de doigts autour des interrupteurs électriques et des poignées de porte, utilisez un chiffon humide imbibé de vinaigre blanc. Si les traces sont tenaces, ajoutez quelques gouttes d'Huile essentielle diluée d'eucalyptus sur le chiffon. Pour les traces sur les murs, essayez une gomme blanche (disponible chez les marchands de journaux ou magasins de fournitures pour les arts). Ce peut être tout ce dont vous avez besoin.

Vous pouvez aussi laver vos murs. Si vous voulez les rénover, utilisez la lessive miracle pour surfaces murales dont vous trouverez la recette plus loin. Mais d'abord quelques suggestions pour nettoyer vos murs :

1. Cela peut sembler illogique mais vous devez nettoyer vos murs de bas en haut. Quand vous nettoyez, l'eau entraîne la saleté du haut vers le bas laissant des traînées qui seront difficiles voire impossibles à enlever.
2. Étalez un plastique par terre pour éviter de mouiller le sol, recouvrez-le d'un vieux tissu, vieille couverture par exemple, afin de ne pas glisser.

3. Pour éviter que l'eau sale ne coule le long de vos bras, alors que vous nettoyez les bras en l'air, fixez du tissu éponge ou autre autour de vos poignets avec des élastiques et portez une vieille chemise.

☞ Lessive miracle pour surfaces murales

L'Huile essentielle d'eucalyptus dans cette recette est utilisée comme agent nettoyant et apporte ses propriétés antifongiques et antibactériennes au lavage.

- 4 tasses d'eau chaude
- 2 tasses de vinaigre blanc
- 20 gouttes d'eucalyptus ou d'Huile essentielle de tea tree

Mélangez ces ingrédients dans un seau. Prenez une éponge ou un chiffon propre pour essuyer les murs en commençant du bas et en remontant vers le haut. Ayez un second seau rempli d'eau chaude et après avoir appliqué le mélange, utilisez une seconde éponge ou un chiffon pour essuyer à nouveau les murs.

• Nettoyer le papier peint

Dépoussiérez régulièrement vos papiers peints. Il sera moins nécessaire de les laver. Si votre papier peint n'est pas lavable, frottez les traces avec un peu de poudre de borax puis brossez. Une gomme ou de la mie de pain roulée en boule enlèvera toutes sortes de traces. Frottez doucement avec l'une ou l'autre.

Les textiles des abats-jours se nettoient de la même manière. Vaporisez un peu de bicarbonate de soude ou du borax, laissez sécher quelques secondes et brossez doucement pour enlever la poudre.

☞ Produit nettoyant pour papier peint lavable

- 1 grande cuillère de savon liquide de Castille
- 2 tasses d'eau chaude

Mélangez les ingrédients. Essuyez le papier peint avec un mouvement circulaire, par petites surfaces successives. Puis essuyez avec un chiffon propre et humide. Évitez de trop mouiller le papier peint en le lavant.

• Les meubles

Veillez à ce que vos meubles en bois ne soient pas exposés à la lumière directe du soleil ou à des températures excessives.

Certains meubles en bois gagnent à être cirés de temps en temps mais pas tous. Si vos meubles sont vernis, les cirer ne servirait qu'à attirer et fixer davantage la poussière. Dans ce cas, essuyez-les simplement avec un chiffon humide imprégné d'Huile essentielle diluée.

Les autres meubles en bois non vernis ou vieux gagneront à être cirés avec « la cire spéciale pour meubles » (page 52), une excellente cire. En frottant les dessous de tables et les autres surfaces avec cette cire vous préviendrez les fissures. Ne pas utiliser sur les meubles vernis.

Pour les rayures sur les meubles en bois, frottez avec du jus de citron mélangé en quantités égales avec de l'huile végétale. Vous enlèverez les taches blanches laissées par les tasses d'eau chaude trop chaudes en les frottant avec un mélange de sel et d'huile d'olive en quantité égale. Vous pouvez aussi frotter les marques avec de la mayonnaise et laisser agir toute une nuit. Le lendemain essuyez la mayonnaise, les traces devraient avoir disparu.

☞ Excellente cire pour meubles

Appliquez cette cire sur vos meubles en bois après les avoir bien dépoussiérés. Elle nourrira et maintiendra le bois en bon état.

- ½ tasse d'huile d'olive
- 1 grande cuillère de vinaigre blanc
- 4 gouttes d'Huile essentielle de palmarosa ou autre essence de votre choix

Mélangez ces ingrédients dans un récipient à bouchon à vis. Secouez énergiquement puis frottez avec un chiffon propre et doux pour obtenir un beau brillant.

☞ Formule pour nettoyer le bambou, le rotin, l'osier

Nettoyez les meubles fabriqués dans ces matériaux régulièrement en utilisant une brosse à dents trempée dans l'eau savonneuse. Puis essuyez avec du tissu éponge.

En vieillissant il arrive que les meubles de ce genre jaunissent. Pour éviter cela, essuyez-les avec de l'eau salée tous les trois, quatre mois.

Utilisez la formule pour nettoyer le rotin sur vos meubles en bambou et en osier. La lavande leur donnera une senteur douce et surannée, ou remplacez la lavande par une autre essence que vous aimez.

- ¼ de tasse de savon liquide de Castille
- 1 tasse d'eau
- 6 gouttes d'Huile essentielle de lavande

Mélangez ces ingrédients dans une bouteille à vaporisateur. Vaporisez sur le meuble. Laissez agir quelques secondes puis essuyez avec un chiffon propre et humide.

• Meubles en mélamine et plastique

Voici une recette pour nettoyer et raviver ces matières.

☞ Produit tous usages

Remplacez le jus de citron par du vinaigre blanc si vous le souhaitez, et utilisez de l'essence d'orange douce pour sa délicieuse senteur citronnée.

- 1 grande cuillère de borax
- 2 tasses d'eau chaude
- 1 grande cuillère de vinaigre blanc
- 1 petite cuillère de savon liquide de Castille
- 10 gouttes d'Huile essentielle de votre choix

Dissoudre le borax dans l'eau puis ajouter les autres ingrédients. Utiliser une bouteille avec vaporisateur pour appliquer le produit sur les surfaces mélaminées et en plastique à nettoyer. Essuyer avec un chiffon humide.

• Tentures, tapisseries

Aspirez régulièrement les doubles rideaux et les tentures et si possible secouez-les. Adaptez l'accessoire approprié de votre aspirateur pour atteindre les coins et fentes où la saleté s'incruste. Mais attention, certains tissus sont plus fragiles et nécessitent une démarche plus prudente. Le daim par exemple : vous pouvez utiliser l'aspirateur le long des coutures, mais le tissu devra être brossé doucement avec une brosse douce.

La première et la plus importante des règles concernant le détachage des tentures : traiter tout liquide renversé immédiatement pour éviter la tache. Si vous le pouvez, rangez chiffons et morceaux de tissu éponge dans des endroits variés partout dans la maison de façon à les avoir sous la main si un liquide est renversé.

☞ Superdétachant

Ce détachant est efficace sur la plupart des tissus. Vous pouvez l'utiliser pour des taches variées : taches de chocolat, de café, de moisissure, de sang, d'urine.

- 1 grande cuillère à soupe de borax
- 1 tasse d'eau chaude
- 6 gouttes d'Huile essentielle d'eucalyptus

Dissoudre le borax dans l'eau, laisser refroidir, puis ajouter l'huile. Verser le mélange dans un pot ou une bouteille avec vaporisateur selon la façon dont vous voulez l'utiliser. Vaporiser, ou à l'aide d'une éponge passer le produit sur la tache. Laisser sécher puis éponger avec un chiffon humide. Renouveler l'opération si nécessaire.

☞ Mélange doux pour cuir

Ce mélange est également approprié pour le nettoyage des traces sales sur les surfaces capitonnées en cuir ou vinyl. Vous terminerez en utilisant « le produit pour traiter le cuir ».

Note : Aussi fiable que puisse être un détachant, il est prudent de le tester. Demandez-vous toujours si cela en vaut la peine avant de traiter une tache, et si le détachage peut être dommageable. Tamponnez doucement et commencez par le pourtour extérieur de la tache afin de ne pas l'étaler. Les détachants non organiques vendus dans le commerce contiendront un produit chimique toxique souvent employé pour le nettoyage à sec. Évitez de les utiliser et préférez votre détachant fait maison. Voir la recette ci-dessous.

- 1 grande cuillère de savon de Castille
- 2 grandes cuillères de vinaigre blanc
- 1 tasse d'eau chaude

Mélanger ces ingrédients et appliquer avec un chiffon doux. Essuyer avec un chiffon propre et humide. Terminer avec un chiffon doux et sec.

☞ **Pour traiter le cuir**

- ½ tasse de vinaigre blanc
- ½ tasse d'huile d'olive
- 4 gouttes d'Huile essentielle de jonc odorant

Émulsifier dans une bouteille avec vaporisateur. Vaporiser sur le cuir et faire briller avec un chiffon doux.

• **Rideaux**

Si vous dépoussiérez régulièrement vos rideaux avec une brosse douce ou un aspirateur, cela évite que la poussière s'incruste avec le temps, et qu'elle tache le tissu.

Si les rideaux sont lavables, enlevez les crochets ou autres attaches et faites tremper les rideaux dans l'eau froide dans un baquet à lessive pendant une heure environ. Cela permet au tissu de se détendre. La saleté et les poussières remonteront alors à la surface. Puis lavez-les soit à la main soit à la machine en utilisant du savon liquide de Castille additionné si vous le souhaitez de quelques gouttes d'Huile essentielle de votre choix. Faites-les sécher au grand air mais à l'ombre.

• Fenêtres

Faire les vitres peut apparaître comme une lourde tâche en particulier si vous avez un grand nombre de baies vitrées. Ne vous compliquez pas la tâche en faisant vos vitres lorsqu'elles sont au soleil et pour un meilleur résultat faites l'intérieur et l'extérieur le même jour. Ainsi, vous aurez la satisfaction d'un résultat immédiat. Contrairement au nettoyage des murs vous nettoierez du haut vers le bas. N'utilisez pas trop de liquide ou il vous faudra éponger plus tard. Ayez une raclette à vitres à portée de main si possible (mais vous pouvez aussi obtenir un bon résultat sans). Une peau de chamois donne un fini sans traces. Ayez quelques chiffons supplémentaires à disposition. Veillez à ce qu'ils ne laissent pas de peluches sur vos vitres.

☞ Le nettoyant antitraces et antipoussières

Utilisez la formule pour des vitres sales. Toutefois, en cas de vitres très sales ajoutez une cuillère à dessert de savon liquide de Castille pour sa capacité à dissoudre la saleté.

- 8 tasses d'eau chaude
- 1 tasse de vinaigre blanc
- 8 gouttes d'Huile essentielle de menthe poivrée

Mélangez les ingrédients dans un seau et appliquez sur les vitres avec une éponge en partant du haut.

Essuyez avec un chiffon propre ou une raclette, puis essuyez de nouveau avec un chiffon propre et humide.

Enlevez les traces humides avec une peau de chamois.

■ Des sols nets

Quel que soit le genre de revêtement de sol que vous avez (ils sont différents selon les maisons), leur entretien prend du temps et de l'énergie. La saleté, la boue, les liquides renversés, le mobilier déplacé et les allées et venues des personnes et animaux se conjuguent et vous obligent à des nettoyages fréquents.

• Moquettes

Pour vivre dans une ambiance saine, aspirez vos moquettes régulièrement. Si vous avez des animaux familiers, aspirez-les plus souvent. Les puces aiment s'abriter dans les moquettes !

Les moquettes s'usent rapidement et paraissent vite sales en particulier si des petits pieds et des petits doigts y laissent leurs traces. Soyez vigilant ! Et nettoyez immédiatement les taches de liquides renversés. Ayez de vieux morceaux d'éponge à portée de main de façon à ce que tout ce qui peut tacher la moquette puisse immédiatement être absorbé avec un tissu éponge qui est bien plus absorbant qu'un chiffon ordinaire. Vous pouvez jeter une serviette éponge sur la tache et la piétiner pour absorber parfaitement le liquide.

Ayez de petites bouteilles de bicarbonate de soude disponibles pour traiter les taches aussi vite que possible. Vaporisez ou versez de l'eau de Seltz sur la surface tachée : son action effervescente émulsifiera la substance qui tache vous permettant ainsi de mieux l'absorber avec votre tissu éponge. Si la tache persiste utilisez le superdétachant (page 54) pour tapisserie ou reportez-vous au guide de A à Z pour la méthode spécifique.

Voici une recette qui ravivera votre moquette et laissera une odeur fraîche et agréable dans la pièce. Bien aspirer votre moquette avant de l'utiliser.

◦ **Produit nettoyant à la lavande pour moquette**

Ces quantités correspondent à une pièce de taille moyenne. N'oubliez pas de faire un test préalable sur une partie cachée pour vous assurer d'un bon résultat.

- 1 grande cuillère de savon liquide de Castille
- 2 tasses d'eau chaude
- ¼ de tasse de vinaigre
- 6 gouttes d'Huile essentielle de lavande
- 3 gouttes d'Huile essentielle de sauge

Dissoudre le savon de Castille dans l'eau, bien agiter puis ajouter les autres composants du mélange. Appliquer ce mélange sur la moquette à l'aide d'une éponge en procédant par petites surfaces. Puis avec une brosse frotter doucement pour bien imprégner les fibres. N'utiliser que peu de produit : la moquette ne doit pas rester mouillée, mais seulement humide. Laisser sécher puis aspirer soigneusement.

• **Parquets**

Comme les meubles en bois, les parquets vitrifiés n'ont pas besoin d'être cirés. La formule suivante nettoiera efficacement un parquet en laissant flotter une senteur agréable.

◦ **Liquide pour parquet ordinaire**

- 2 tasses de thé froid. Ce peut être aussi une tisane (camomille, menthe)

Trempez un balai à franges dans cette solution et passez-le sur vos planchers cirés. Ils seront débarrassés de la poussière et reprendront leur aspect brillant. De plus ils dégageront une odeur fraîche.

◦ Liquide pour parquet en bois exotique

La bergamote et l'orange douce s'associent agréablement mais vous pouvez préférer associer d'autres Huiles essentielles.

- 4 tasses d'eau chaude
- 4 tasses de vinaigre
- 10 gouttes d'Huile essentielle de bergamote
- 10 gouttes d'Huile essentielle d'orange douce

Mélangez tous ces ingrédients dans un seau et passez une serpillière ou un balai à franges trempés dans cette solution sur vos parquets, en procédant par petites surfaces. Évitez de trop mouiller. Terminez en passant une serpillière sèche.

• Sols carrelés, sols vinyl, linos, carreaux de liège ou d'ardoise

Pour un simple nettoyage hebdomadaire, utilisez la solution suivante qui fera briller vos revêtements de sol dans toute la maison.

◦ Liquide basique pour revêtements de sol

- 3 tasses de vinaigre blanc
- 12 tasses d'eau chaude
- 20 gouttes d'Huile essentielle de pin

Mélangez ces composants dans un seau puis trempez-y la serpillière ou le balai à franges que vous passerez sur le revêtement de sol, en prenant soin de ne pas éclabousser autour.

☞ **Liquide sols nets**

À utiliser quand le revêtement est très sale, collant et qu'un produit plus puissant est nécessaire.

- 12 tasses d'eau chaude.
- 3/4 de tasse de savon liquide de Castille
- 1 tasse et demie de vinaigre blanc
- 20 gouttes d'Huile essentielle de tea tree

Mélanger tous les ingrédients dans un seau et passer le produit à l'aide d'une serpillière ou d'un balai à franges, en procédant par petites surfaces. Bien frotter pour déloger la saleté et les dépôts gras. Il n'est pas nécessaire de rincer.

■ Un linge impeccable

Tout d'abord, quelques conseils pour les travaux d'entretien du linge.

1. Trier les vêtements, laver les couleurs séparément. En appliquant cette règle simple, vous éviterez que votre linge blanc ternisse. Ce qui se produit lorsque la couleur d'un vêtement plus sombre pigmente même très légèrement votre linge blanc.
2. Prélaver ou prédétacher le linge et les vêtements très sales.

3. Vider les poches. Tous ces petits objets ou morceaux de papier qui traînent dans les poches peuvent causer des dégâts.
4. Fermer les fermetures éclair pour ne pas les abîmer, mais déboutonner les chemises et autres vêtements à boutons pour un lavage plus efficace.
5. Les attaches (telles celles des tabliers) ou les liens (bas de pyjamas d'hommes) devront être noués pour éviter qu'ils ne s'emmêlent.
6. Les vêtements en tissu fragile, tels que les tricots et jerseys devront être retournés sur l'envers.
7. Tous les articles qui risquent de déteindre devront être lavés séparément ou avec des couleurs similaires.
8. Utiliser du vinaigre blanc dans la dernière eau de rinçage pour enlever tous les résidus savonneux. Ajouter du borax dans la dernière eau de rinçage comme adoucissant.

La température de l'eau peut être une question délicate quand il s'agit de lavage. Utiliser de l'eau froide peut économiser de l'énergie mais le résultat sera-t-il aussi satisfaisant ? De fait, certains tissus se lavent mieux à certaines températures...

Cette charte va vous guider :

Température	**Plus adaptée pour**
Eau froide	Articles de couleur vive (empêche le dégorgement des couleurs). Tout article susceptible de rétrécir tel que des cotons. Tout rinçage.
eau tiède	Vêtements qui ne nécessitent pas de repassage. Laine étiquetée lavable. Vêtements en tissu synthétique. Articles de couleur sombre. La plupart des cotons (100 % pur coton, utilisez de l'eau tiède afin qu'ils ne rétrécissent pas).
Eau chaude	Articles très sales. Blanc afin qu'il reste bien blanc. Serviettes. Draps.

• Prétraitement

Parfois les vêtements et autres articles demanderont un peu d'attention avant d'aller à la machine à laver: un peu de détachant ou un bon trempage. Si vous devez faire tremper, utilisez soit un baquet soit un seau et assurez-vous qu'il est assez grand pour la quantité que vous avez à faire tremper. Si le linge est trop tassé, le trempage est moins efficace. Pour enlever les taches sur un tissu, mélangez 2 cuillères de crème de tartre avec suffisamment d'eau pour obtenir une pâte. Appliquez généreusement pour couvrir la tache. Laissez sécher puis lavez comme d'habitude.

○ Spray de prédétachage

Avant de laver le linge, utilisez cette formule pour traiter rapidement de grosses taches.

- 1 petite cuillère de savon de Castille liquide
- 1 petite cuillère de glycérine
- 1 petite cuillère de borax
- 1 tasse d'eau chaude
- 6 gouttes d'Huile essentielle de tea tree

Faites dissoudre le borax dans l'eau chaude puis ajoutez les autres ingrédients. Vaporisez ce mélange sur les taches que vous trouverez sur votre linge quelle qu'en soit l'origine. Laissez agir pendant 2 minutes puis lavez comme d'habitude.

○ Mélange de prétrempage

- ½ tasse de borax
- 3 tasses d'eau chaude

- 1 tasse de vinaigre blanc
- 6 gouttes d'Huile essentielle d'eucalyptus

Dissolvez le borax dans l'eau chaude. Laissez refroidir. Puis ajoutez les autres ingrédients avant le lavage habituel.

Faites tremper le linge à laver pendant 2 heures soit dans le bac de lavage soit dans un seau. Les taches très tenaces demanderont un trempage plus long ou une application de glycérine pour détendre les fibres et libérer les taches avant le lavage habituel.

• Lessives liquides/produits d'entretien pour le linge

Les quantités données dans la formule suivante pour « lessive tous textiles » vont vous permettre de faire 8 à 12 lessives selon la quantité de linge que vous lavez et son degré de saleté. Utilisez le récipient qui contenait votre lessive habituelle achetée dans le commerce, pour contenir cette lessive liquide, efficace et sans danger, que vous allez composer vous-même.

Bien laver le récipient avant de l'utiliser.

○ Lessive tous textiles

Vous pouvez varier l'Huile essentielle utilisée dans cette recette : utilisez celle de théier pour ses propriétés antibactériennes et fongicides, ou celle d'orange douce pour aider au détachage, ou associez-les.

- 1 tasse de cristaux de soude
- 2 tasses d'eau chaude
- ¼ de tasse de savon de Castille liquide
- 1 tasse de bicarbonate de soude

- 8 gouttes d'Huile essentielle de tea tree ou d'orange douce

Commencer par dissoudre les cristaux de soude dans l'eau. Bien secouer pour obtenir un mélange homogène puis ajouter les autres ingrédients. Utiliser pour chaque lavage une demi-tasse de mélange.

○ **Lessive en poudre trois tasses**

Cette poudre se nomme « trois tasses » car vous n'avez besoin que d'une tasse de chacun de ses principaux ingrédients.

- 1 tasse de cristaux de soude
- 1 tasse de bicarbonate de soude
- 1 tasse de savon pur en copeaux (que vous pouvez gratter à partir d'un morceau de savon pur)
- 6 gouttes d'Huile essentielle de bois de santal

Mélangez ces ingrédients et dosez une ½ tasse pour le lavage selon la saleté et la quantité de linge à laver.

○ **Solution blanchissante sans danger**

Cette recette contient du jus de citron ce qui exige de la conserver au réfrigérateur. Toutefois vous pouvez diviser les quantités par deux et faire un nouveau mélange aussi souvent que nécessaire.

- ½ tasse de jus de citron
- 2 tasses d'eau
- 8 gouttes d'Huile essentielle de citron
- ½ tasse de borax

Émulsifiez le jus de citron, l'eau et l'Huile essentielle de citron et faites tremper le linge que vous voulez blanchir dans cette solution pendant une heure au moins.

Puis lavez comme d'habitude et ajoutez du borax au rinçage.

Pour intensifier l'effet naturel blanchissant, faites sécher les vêtements au soleil.

○ Lessive pour linge délicat

Utilisez cette recette pour les articles qui demandent un lavage plus doux, y compris les vêtements de bébé. La lavande et la rose donnent cette odeur fraîche du linge de nos grands-mères. Mais vous pouvez aussi trouver le mélange qui vous convient.

- ½ tasse de savon de Castille liquide
- 2 gouttes d'Huile essentielle de lavande
- 2 gouttes d'Huile essentielle de palm
- 3 tasses d'eau chaude

Mélangez dans un seau ou le bac de lavage. Lavez votre linge délicat en le pressant doucement dans ce bain. Rincez à l'eau froide.

• Adoucissant fraîcheur citron pour textiles

Aucun des adoucissants que vous trouvez dans le commerce n'a une senteur aussi fraîche et naturelle. Faites-le en grande quantité dans un grand récipient facile à manipuler. À chaque lessive vous en ajouterez à votre dernière eau de rinçage.

- 1 tasse de borax
- 1 tasse d'eau chaude

- 1 tasse de vinaigre blanc
- 8 gouttes d'Huile essentielle de citron
- 8 gouttes d'Huile essentielle d'orange douce

Dissoudre le borax dans l'eau chaude. Laisser refroidir quelques instants puis ajouter les autres ingrédients. Ajouter au dernier cycle de rinçage une bonne dose de cette solution.

Chapitre IV

Le guide du détachage et du nettoyage de A à Z

Ce A - Z contient plus de deux cents rubriques de traitements simples et efficaces pour nettoyer et détacher avec des produits organiques exclusivement. Il se veut un guide de référence rapide et facile car lorsque un liquide est renversé, vous voulez agir rapidement et vous n'avez pas de temps à perdre pour consulter un gros « bouquin » alors qu'un liquide bien coloré s'étale tranquillement sur votre moquette.

Ce A - Z vous donne une solution pour tous les textiles courants dans une maison. Il y a trois types de rubriques :

* Les articles qui sont fréquemment tachés

** Les origines des taches

– Les méthodes alternatives de nettoyage : « vous pouvez aussi... »

Dans certains cas vous vous reporterez au chapitre « Recettes, formules, mélanges et traitements » où vous trouverez des solutions adaptées (pages 37 à 66). Prenez le temps de lire ces recettes plutôt que de les prendre dans l'urgence lorsque vous êtes en présence d'une tache fraîche.

Beaucoup de ces solutions et mélanges contiennent des Huiles essentielles, pour leurs propriétés actives et pour leur parfum agréable. Les traitements suggérés dans le A - Z ne contiennent pas d'Huiles essentielles mais vous pouvez y ajouter celles de votre choix. Pour ce faire, lisez la partie pages 26 à 28 qui traite de l'usage des Huiles essentielles diluées. L'utilisation des produits organiques est non seulement bénéfique pour votre santé et l'environnement mais vous permettra aussi de trouver un intérêt au nettoyage. Vous pouvez faire l'expérience des produits ménagers courants et leur trouver de nouvelles utilisations. Vous connaîtrez de mieux en mieux leur efficacité, et libre à vous de varier les mélanges et d'utiliser à bon escient ces merveilleux produits.

A

*** Abat-jour**

Pour détacher le tissu d'un abat-jour, saupoudrez-le avec du bicarbonate de soude, laissez agir une heure puis brossez avec une brosse douce.

***Acier inoxydable**

Avec du bicarbonate de soude sur un chiffon humide, vous pouvez enlever toutes sortes de taches et de traces sur l'acier inoxydable. Terminez en essuyant avec un chiffon imprégné de vinaigre blanc pour éliminer tout résidu de poudre.

NOTE : Toute précaution nécessaire doit être prise avant d'utiliser les méthodes de détachage suggérées sur les textiles, moquettes, papiers peints. **Un test préalable sur une partie invisible doit être effectué avant toute utilisation**.

****Acide**

Éponger la tache rapidement puis tremper la surface tachée dans l'eau froide. Appliquer une pâte faite de bicarbonate de soude et d'eau pour neutraliser l'acide. Quand la pâte est sèche, brosser avant d'essuyer à nouveau avec une éponge humide.

****Acide de batterie**

Voir Acide.

****Alcool**

Il y a différentes sortes d'alcools et leurs taches diffèrent en couleur ce qui les rend plus ou moins difficiles à enlever. Cependant pour toute tache d'alcool, le plus efficace est d'appliquer rapidement de l'eau de Seltz. Toutes les taches d'alcool se traitent de la même manière. Aspergez, vaporisez, ou versez de l'eau de Seltz sur la tache. Puis absorbez le liquide avec du tissu éponge. S'il s'agit d'une moquette, piétinez la serviette pour bien absorber le liquide. Répétez le processus jusqu'à ce qu'il ne reste plus aucune trace d'alcool. Si au cours d'un repas chez des amis ou au restaurant vous tachez vos vêtements avec de l'alcool, demandez de l'eau de Seltz et utilisez une serviette pour absorber le liquide restant.

Voici quelques recettes pour enlever les taches d'alcool sur :

– les tissus : plonger le tissu dans un seau d'eau froide additionnée d'une demi-tasse de vinaigre blanc, laisser tremper deux heures environ avant de laver. Pour une tache rebelle, tremper dans une solution de borax faiblement dosée (une grande cuillère de borax dissoute dans une demi-tasse d'eau chaude que vous verserez dans un seau d'eau froide).

– les moquettes : utiliser une serviette éponge pour pomper le liquide renversé puis bien saupoudrer la surface avec du bicarbonate de soude ou du sel pour absorber les restes de liquide. Une fois sec (cela peut prendre plusieurs heures), aspirer soigneusement. Si l'alcool a déjà taché la moquette, passer une éponge que vous aurez préalablement imprégnée de vinaigre blanc.

– les meubles : agir rapidement et absorber le liquide renversé avec une vieille serviette éponge puis, s'il s'agit de meubles en bois, faire pénétrer un peu d'huile en frottant pour redonner de l'éclat. Pour les autres meubles verser quelques gouttes d'une Huile essentielle diluée de votre choix sur un chiffon humide et le passer sur le meuble.

Voir aussi Vin rouge.

***Aluminium**

Faites bouillir quelques rondelles de citron avec de l'eau dans vos casseroles d'aluminium, elles redeviendront comme neuves.

***Anneaux de rideau en laiton**

Pour nettoyer les anneaux de rideau en laiton, les tremper dans une solution tiède faite d'une demi-tasse de vinaigre blanc et d'une demi tasse d'eau pendant une demi-heure. Puis rincer et sécher soigneusement.

****Antitranspirant**

Voir déodorant.

***Argenterie**

Tapissez votre évier de cuisine avec du papier aluminium, remplissez-le d'eau très chaude, puis ajoutez soit une grande cuillère de sel et une grande cuillère de bicarbonate de soude, soit deux grandes cuillères de crème de tartre. Plongez l'argenterie dans l'eau, laissez agir une demi-heure, vous verrez votre argenterie reprendre son éclat. Sortez les objets, rincez- les bien, et séchez-les avec un chiffon doux.

B

****Baies**

Tissus

Enlever le jus et verser de l'eau de Seltz sur la surface tachée en tamponnant avec un chiffon pour absorber le liquide.

Passer la tache sous le robinet d'eau froide pour l'éliminer au maximum, puis soit :

Tamponner la surface tachée avec du jus de citron ou un demi-citron.

Appliquer une pâte faite de crème de tartre et d'eau puis laisser sécher.

Terminer par un lavage classique à l'eau tiède. Si la tache est ancienne, appliquer soit une pâte de crème de tartre soit un peu de glycérine, puis laisser sécher pendant deux heures environ avant de laver comme d'ordinaire.

Moquettes

Vaporiser de l'eau de Seltz sur la tache et absorber le liquide immédiatement avec une serviette éponge; piétiner la serviette pour plus d'efficacité. Répéter le processus jusqu'à disparition totale de la tache.

****Banane**

Voir Fruits.

Bébé (vêtements)

1. Formule

Tremper la surface tachée dans du vinaigre blanc avant de laver dans l'eau à peine tiède.

***2. Régurgitations*

Pendant que la tache est encore fraîche, essuyer au maximum puis passer le tissu sous le robinet d'eau froide pour enlever toute trace. Si cela n'est pas possible (par ex : vous ne pouvez pas le changer) tamponner la surface tachée avec de l'eau de Seltz.

Si la tache a séché, tremper la surface tachée dans du vinaigre blanc avant le lavage habituel.

Voir aussi Vomi.

****Betteraves**

Tissus

Si possible, passer la tache sous le robinet d'eau froide pour éliminer la tache au maximum, ou faire tremper le textile dans du lait pendant quelques heures avant de laver comme d'ordinaire.

Pour une tache tenace, appliquer une pâte faite de crème de tartre et d'eau, laisser sécher, puis laver comme d'ordinaire. Vous pouvez aussi utiliser le « spray de prédétachage » (voir recette page 62).

Moquettes

Vaporiser de l'eau de Seltz sur la tache et absorber le liquide immédiatement avec un tissu éponge; piétiner la serviette pour plus d'efficacité. Si la tache persiste, utiliser le « super-détachant » (voir recette p 54).

****Beurre**

Voir Graisse.

***Bijoux**

Vous pouvez nettoyer le cuivre, les diamants, l'or, le jade et la nacre avec de l'eau chaude savonneuse (utilisez du savon de Castille liquide). Lavez-les délicatement et rapidement puis séchez-les avec un chiffon propre et doux.

Pour les opales et les perles, utilisez un chiffon trempé dans la glycérine avant de les lustrer avec une peau de chamois. Pour nettoyer l'argent, utilisez du jus de citron. Brossez délicatement avec une vieille brosse à dents ou faites tremper dans le jus de citron avant de rincer à l'eau chaude, puis séchez.

****Bière**
Voir Alcool.

****Blanc correcteur**
Laissez sécher puis grattez le résidu. Tamponnez avec une solution composée de deux tasses d'eau chaude, une petite cuillère de savon de Castille liquide et une petite cuillère de vinaigre blanc, puis lavez comme d'ordinaire.

****Boissons aux fruits**
Voir Boissons non alcoolisées.

****Boissons non alcoolisées**
Tissus
Rincez la tache sous le robinet d'eau froide aussi vite que possible, puis faites tremper dans un seau d'eau additionnée d'une demi-tasse de vinaigre blanc pou éliminer toute trace de tache. Lavez comme d'ordinaire.

Vous pouvez aussi vaporiser de l'eau de Seltz sur la tache et tamponner avec un chiffon propre ou une serviette de table jusqu'à ce que les traces aient disparu.

Moquettes
Vaporisez de l'eau de Seltz et absorbez le liquide avec du tissu éponge. Si la tache persiste, tamponnez avec un chiffon imbibé d'une solution faite d'une grande cuillère de borax diluée dans une demi-tasse d'eau.

Voir aussi Fruits.

****Boue**

Les taches de boue sur le sol s'effacent habituellement d'un simple coup de serpillière ou de balai à franges humides. S'il s'agit de taches sur des vêtements, rincez à l'eau courante froide puis appliquez une pâte faite de crème de tartre et d'eau. Laissez sécher puis lavez comme d'ordinaire.

Moquettes : saupoudrez généreusement la surface tachée avec du bicarbonate de soude. S'il reste beaucoup de boue sur la moquette, frottez doucement avec une brosse douce pour faire pénétrer la poudre. Laissez sécher puis passez l'aspirateur.

****Bougie**

Voir Cire.

***Bouilloire**

Voir Thé : bouilloire.

***Briques**

Les briques qui entourent une cheminée peuvent se tacher avec le temps. Pour les détacher, les laver avec du vinaigre blanc chaud puis les essuyer avec un chiffon propre et humide.

C

****Cacao**

Voir Chocolat.

****Café**

Tissus

Passez sous le robinet d'eau froide la surface tachée puis appliquez une pâte faite de borax et d'eau. Laissez agir pendant une heure avant de laver comme d'ordinaire. Vous pouvez aussi appliquer du superdétachant (voir p. 54).

Moquettes

Vaporisez de l'eau de Seltz sur la tache de café et absorbez tout le liquide avec du tissu éponge. Répétez le processus jusqu'à ce que la tâche disparaisse. Vous pouvez aussi après avoir appliqué l'eau de Seltz, utiliser le superdétachant (voir p. 54)

***Cafetière**

Nettoyez l'intérieur de la cafetière avec un mélange moitié eau moitié vinaigre blanc. Laissez frémir pendant dix minutes avant de bien rincer.

****Caramel**

Voir sirop.

***Carreaux céramique**

Enlevez les taches avec un chiffon trempé dans du vinaigre blanc.

***Casseroles brûlées**

Pour les restes de nourriture brûlée collés au fond de vos ustensiles de cuisine, utilisez une des recettes suivantes : mélangez du bicarbonate de sodium et de l'eau pour obtenir une pâte.

Mélangez du bicarbonate de soude et du jus de citron pour obtenir une pâte.

Laissez tremper de préférence une nuit entière puis rincez.

Vous pouvez aussi utiliser un quart de tasse de vinaigre blanc et une grande cuillère de bicarbonate de soude.

****Cerise**

Voir Fruits.

**** Chewing-gum**

Tissus

Si un textile est taché de chewing-gum, placez-le dans un sac en plastique que vous laisserez au congélateur pendant deux heures puis à l'aide d'un couteau, grattez doucement le chewing gum pour le décoller du textile. Pour terminer, trempez l'article ou le vêtement dans le vinaigre blanc ou tamponnez la tache avec de l'Huile essentielle d'eucalyptus ; finissez par un lavage.

Moquettes

Imprégnez d'Huile essentielle d'eucalyptus et tamponnez la moquette, puis grattez le chewing-gum avec un couteau.

****Chocolat**

Tissus

Essayez de tremper la tâche dans du lait avant le lavage habituel. Vous pouvez aussi tamponner la tâche avec un chiffon trempé dans un mélange fait d'une grande cuillère de vinaigre blanc et d'une demi-tasse d'eau puis laver à l'eau tiède.

Vous pouvez aussi utiliser le superdétachant (voir page 54).

Moquettes

Grattez l'excédent avec un couteau puis vaporisez de l'eau de Seltz. Absorbez le liquide sur la surface tachée avec un tissu éponge.

Si la tâche persiste, nettoyez avec une éponge imprégnée de superdétachant (voir recette p. 54)

****Ciment**

Pour nettoyer les taches de ciment, grattez les avec une solution faite d'un quart de tasse de borax dissous dans une demi-

---

Note : évitez d'utiliser l'Huile essentielle d'eucalyptus sur les tissus délicats. Faites un essai préalable en tamponnant un petit morceau invisible du tissu ou de la moquette.

tasse d'eau chaude à laquelle vous ajouterez deux tasses d'eau froide. Puis rincez au jet. Pour enlever du ciment sur un vêtement, laissez tremper dans ce mélange : une grande cuillère de sel, une tasse de vinaigre blanc et un seau d'eau.

****Cirage**

Grattez aussi bien que possible puis tamponnez la tache avec quelques gouttes d'eucalyptus sur un chiffon propre. Prenez soin de ne pas utiliser le même morceau de chiffon lorsqu'il est taché de cirage pour ne pas en redéposer sur la surface à traiter.

Vous pouvez utiliser de la même façon de la glycérine sur un chiffon propre avant de laver le vêtement comme d'ordinaire.

****Cire**

Tissus

Étape 1 : mettez le vêtement dans le réfrigérateur pour faire durcir la cire, puis grattez tout ce que vous pouvez enlever avec un couteau.

Étape 2 : prenez du papier kraft et placez-le sur votre table à repasser, mettez la surface tachée du vêtement sur le papier et recouvrez d'un autre morceau de papier. Avec un fer à repasser réglé à thermostat « doux à moyen », repassez la surface tachée. La cire sera absorbée par le papier. Déplacez le papier sous et au-dessus de la tache et repassez jusqu'à ce que toute la cire ait été absorbée.

Étape 3 : lavez le vêtement comme d'ordinaire.

Moquettes

Si la cire est encore molle, faites-la durcir avec des glaçons placés dans un sac plastique puis grattez avec un couteau. Pour éliminer les petits morceaux, placez du papier absorbant sur la tache et tamponnez avec un fer chaud. Déplacez le papier sur la tache au fur et à mesure pour que toute la cire soit absorbée.

***Chaussettes**

Pour les chaussettes très sales, faites-les tremper pendant plusieurs heures dans de l'eau chaude salée (la plus chaude possible en fonction du textile). Puis lavez comme d'ordinaire dans l'eau très chaude (la plus chaude possible en fonction du textile).

***Chrome**

Pour nettoyer les pièces en chrome essuyez-les simplement avec un chiffon doux trempé dans du vinaigre blanc. Le chrome brillera joliment, si vous l'astiquez avec un morceau de feuille d'aluminium.

****Chutney (condiment)**

Voir sauce barbecue.

****Coca cola®**

Voir Boissons non alcoolisées.

***Col de chemise**

Voir cols.

****Colle**

Tissus

Faites chauffer une tasse de vinaigre blanc et faites tremper la surface tachée pendant environ dix minutes. Rincez bien.

Vous pouvez aussi utiliser de l'Huile essentielle d'eucalyptus efficace pour enlever la colle : versez quelques gouttes sur un chiffon propre et tamponnez la surface tachée jusqu'à élimination totale de la colle.

Moquettes

Trempez un chiffon dans l'eau chaude et placez-le sur la surface tachée, en faisant pénétrer l'eau dans la colle. Laissez environ une heure pour que la colle soit assez souple pour être enlevée. Renouvelez l'opération si nécessaire. Terminez en frottant avec un chiffon humide pour enlever les dernières traces.

Vous pouvez aussi tamponner la surface avec un chiffon sur lequel vous aurez vaporisé de l'Huile essentielle diluée d'eucalyptus ou de l'Huile essentielle diluée de tea tree. Si la colle est incrustée et que vous ne parvenez pas à l'enlever, utilisez des ciseaux à ongles pour détacher doucement les fibres collées.

Note : Évitez d'utiliser cette méthode sur des tissus délicats, tels que la soie. Faites un essai préalable sur une petite partie invisible du tissu ou de la moquette.

***Cols**

Pour avoir des cols nets, appliquez une pâte faite de crème de tartre et d'eau en quantités égales. Laissez sécher et lavez comme d'ordinaire.

****Confiture**

Voir Miel.

***Contreplaqué**

Vous pouvez détacher des surfaces en contreplaqué en les frottant avec du bicarbonate de sodium sur un chiffon humide. Terminez avec du vinaigre blanc pour enlever tout dépôt et obtenir une surface propre et brillante.

****Correcteur liquide**

Laissez sécher avant de gratter le résidu. Tamponnez la surface tachée avec un chiffon absorbant imprégné d'une solution faite de deux tasses d'eau chaude, d'une petite cuillère de savon liquide de Castille et d'une petite cuillère de vinaigre blanc. Puis lavez comme d'ordinaire.

****Cosmétiques**

Tissus

La plupart des taches de cosmétiques disparaîtront si vous les tamponnez avec une solution composée d'une grande cuillère de borax dissoute dans un peu d'eau chaude, à laquelle vous ajouterez une demi-tasse d'eau.

Vous pouvez aussi appliquer une pâte faite de crème de tartre et d'eau. Laissez sécher puis lavez comme d'ordinaire.

Moquettes

Utilisez la solution au borax proposée pour les tissus.

Voir aussi Rouge à lèvres et Mascara.

***Couches**

Utilisez du vinaigre pour détacher, blanchir et désodoriser les couches en une seule opération. Trempez les couches humides dans un seau d'eau additionnée d'un quart de tasse de vinaigre blanc puis lavez dans de l'eau chaude.

Pour des couches souillées, jetez les matières fécales dans les toilettes, rincez la couche à l'eau froide puis laissez tremper dans un seau d'eau chaude additionnée d'une solution faite d'un quart de tasse de borax dissout dans une demi-tasse d'eau chaude. Lavez comme d'ordinaire en ajoutant d'un quart de tasse de vinaigre blanc au dernier rinçage. Faites sécher au grand air et au soleil de préférence.

***Couteaux**

Pour enlever les taches des couteaux de cuisine, frottez la lame avec un demi-citron saupoudré de sel.

Voir aussi Couverts.

***Couverts**

Évitez de faire tremper des couverts dont les manches sont en os, en bois ou en céramique. Pour enlever les taches sur les couverts, frottez avec un chiffon humide imbibé de bicarbonate de soude.

Voir aussi Manches de couverts en os, Couteaux, Argenterie.

****Crayon Bic**

Tissus

Placez au dos du tissu marqué de crayon à bille un tissu éponge ou une serviette éponge roulé puis tamponnez la tache avec de l'Huile essentielle diluée d'eucalyptus jusqu'à ce qu'elle disparaisse. Mais rappelez-vous que cette méthode ne doit pas être utilisée sur des tissus délicats, tel que la soie. S'il s'agit d'un tissu délicat, faites un test sur un petit bout de tissu invisible avant l'emploi.

Moquettes

Avec un chiffon imbibé d'un mélange moitié lait moitié vinaigre, tamponnez la marque d'encre jusqu'à ce qu'elle disparaisse.

Voir aussi Encre.

****Crayon**

Vous pouvez utiliser une gomme pour enlever les traces de crayon sur n'importe quelle surface, pas seulement sur le papier.

****Crayon indélébile**

Puisque ces encres sont réputées indélébiles, on comprend facilement qu'il soit difficile de les enlever; vous pourrez cependant atténuer la tache en faisant tremper le tissu toute une nuit dans une tasse d'eau chaude additionnée de deux grandes cuillères de borax ; puis lavez comme d'ordinaire.

****Crayon pastel ou fusain**

Frottez délicatement avec un chiffon trempé dans du bicarbonate de soude. Puis essuyez avec un chiffon propre.

****Crème**
Voir Produits laitiers.

****Crème de zinc**
Voir Zinc.

***Cuir**
Pour nettoyer le cuir, utilisez le « Mélange doux pour cuir » (voir recette page 54).

***Cuir verni**
Pour enlever les taches sur du cuir verni et faire briller à nouveau, tamponnez avec un chiffon propre mouillé de lait, puis faites briller avec une peau de chamois.

Vous pouvez aussi passer de la vaseline sur le cuir verni, ce qui le détachera et l'entretiendra.

***Cuisinière / dessus de cuisinière**
Essuyez les taches et les projections de nourriture alors qu'elles sont encore fraîches. Nettoyez avec du bicarbonate de soude sur un chiffon humide puis essuyez avec un chiffon imprégné de vinaigre blanc. Une goutte d'Huile essentielle diluée sur les résidus cuits facilite le nettoyage et laisse une odeur agréable.

Vous pouvez aussi utiliser le « Mélange pour meubles et équipements de cuisine » pour le dessus émaillé de la cuisinière (voir recette page 40).

***Cuivre rouge**
Si une pièce en cuivre a été vernie, il suffit de l'épousseter et de la laver à l'eau chaude de temps en temps. Toutefois, si le cuivre est taché, essayez cette méthode.

Utilisez un mélange de jus de citron et de sel. Saupoudrez un demi-citron de sel et frottez le métal. Puis rincez soigneusement. Le jus de citron en bouteille mélangé avec du sel est aussi efficace. Faites briller avec un chiffon propre et doux.

Voici une autre recette particulièrement efficace pour nettoyer les cuivres : mélangez une tasse de vinaigre blanc, une tasse de farine et une demi-tasse de sel. Appliquez cette pâte épaisse sur la pièce en cuivre et laissez agir quelques heures. Rincez soigneusement et essuyez avec un chiffon propre.

****Curry**

Tissus

Dissolvez un quart de tasse de borax dans une demi-tasse d'eau chaude que vous versez dans un seau d'eau puis laissez tremper le tissu taché avant de le laver comme d'ordinaire.

Moquettes

Vaporisez de l'eau de Seltz sur la surface tachée, et absorbez le liquide avec une serviette éponge ; puis passez une éponge imprégnée d'une solution faite d'une demi-tasse de vinaigre blanc et d'une tasse d'eau.

Vous pouvez aussi appliquer du « superdétachant » (voir page 54).

D

***Daim**

Nettoyez le daim en le brossant soit avec une brosse douce soit avec une brosse à poils plus durs selon la résistance de la matière.

***Dentelle**

La dentelle blanche jaunit avec le temps. Pour la déjaunir, faites-la tremper dans une solution faite de quatre tasses d'eau additionnées d'une grande cuillère de borax que vous aurez préalablement dissoute dans un peu d'eau chaude pendant deux heures.

Puis lavez avec un savon doux et rincez bien. Pour que la dentelle ne se déforme pas, épinglez-la sur une serviette et laissez sécher à plat. Puis enveloppez-la dans un tissu de soie pour éviter toute coloration.

****Déodorants**

Les déodorants peuvent laisser une auréole de couleur sombre sous les bras. Essayez l'une des méthodes suivantes avant de laver le vêtement comme d'ordinaire :

Laissez tremper dans du vinaigre blanc.

Laissez tremper dans un seau d'eau additionnée d'une solution de d'un quart de tasse de borax dissous dans de l'eau chaude.

Appliquez une pâte faite d'un mélange de bicarbonate de soude et d'eau et laissez agir quelques heures.

***Douches / Surfaces carrelées**

Pour nettoyer les résidus savonneux, frottez les carreaux avec une petite brosse trempée dans du bicarbonate de soude mélangé à un peu d'eau, puis essuyez avec un chiffon propre et humide trempé dans du vinaigre blanc.

E

****Écran solaire**

Faites tremper dans du vinaigre blanc jusqu'à ce que la lotion soit dissoute. Puis épongez avec de l'eau.

***Émail**

Frottez avec un chiffon trempé dans du bicarbonate de soude les taches brunâtres qui peuvent apparaître sur l'émail (par exemple sur les portes de réfrigérateur) pour les faire disparaître. Puis essuyez avec un chiffon trempé dans du vinaigre blanc.

Vous pouvez aussi utiliser le « Mélange spécial pour meubles et équipements de cuisine » (voir page 40).

**Encre

Vêtements

Essayez en laissant tremper la surface tachée dans du lait pendant quelques heures puis lavez comme d'ordinaire.

Tamponnez avec de l'huile végétale pour diluer l'encre, puis absorbez avec du papier buvard. Laissez-le posé sur la tache jusqu'à ce que celle-ci commence à pâlir. Puis lavez comme d'ordinaire.

Note : Évitez d'utiliser de l'huile végétale sur des tissus délicats, tels que la soie. Faites un essai préalable sur une petite partie invisible du tissu ou de la moquette.

Moquettes

Agissez rapidement : absorbez l'encre au maximum puis vaporisez ou versez de l'eau de Seltz sur la surface tachée. Utilisez du tissu éponge pour absorber tout le liquide possible. Saupoudrez généreusement avec de la poudre de borax, laissez sécher puis aspirez.

Mains

Frottez les doigts avec de l'huile végétale en essuyant avec un papier ou un chiffon absorbant. Puis lavez les mains dans l'eau chaude.

Voir Crayon Bic.

*Étain

Mélangez une tasse de vinaigre, une tasse de farine et une demi-tasse de sel pour traiter toute trace de corrosion sur des objets en étain. Appliquez cette pâte épaisse sur la surface tachée et laissez agir quelques heures. Rincez soigneusement et essuyez avec un chiffon propre.

**Étiquettes adhésives

Vous les enlèverez facilement en frottant doucement avec un chiffon humidifié avec un peu d'Huile essentielle diluée d'eucalyptus ou de tea tree. Vous pouvez aussi utiliser du beurre de cacahuètes qui enlève bien certaines étiquettes.

***Évier**

Du bicarbonate de soude sur un chiffon doux et humide détachera vos éviers, qu'ils soient en faïence ou en acier inoxydable.

F

***Faïence**

Frottez avec un chiffon humide imprégné de bicarbonate de soude pour enlever les taches sur les éviers et baignoires en faïence.

***Fer**

Pour nettoyer un fer dont la semelle n'a pas de revêtement Teflon, passez un chiffon imprégné d'une solution faite d'un quart de tasse de vinaigre blanc chaud additionné d'une grande cuillère de sel.

***Feutre**

Les petites surfaces tachées disparaîtront si vous les frottez légèrement avec du papier de verre.

****Fiente d'oiseau**

Pour obtenir le meilleur résultat, laissez sécher la tache avant de la gratter. Puis passez une éponge imbibée d'une solution composée de deux grandes cuillères de vinaigre blanc et d'une demi-tasse d'eau.

****Fleurs**

Voir Herbe.

***Four**

Le bicarbonate de soude fera merveille dans votre four, aussi sale soit-il.

Saupoudrez un chiffon propre et humide de bicarbonate de soude puis passez-le à l'intérieur de votre four pour enlever les résidus de cuisson. Si de la nourriture a été renversée, saupoudrez généreusement de sel quand le four est encore chaud. Enlevez le sel, terminez avec du bicarbonate de soude sur un chiffon humide. Pour redonner à votre four l'éclat du neuf, utilisez le « Nettoyant à four hyper-efficace » (voir page 41).

Voir aussi Micro-ondes.

****Fruits**

Tissus

Vaporisez de l'eau de Seltz sur la surface tachée et absorbez le liquide. Puis passez une éponge imprégnée d'une solution faite d'une grande cuillère de borax et d'une tasse d'eau chaude, ou faites tremper dans un seau d'eau chaude additionnée d'un quart de tasse de borax jusqu'à ce que la tache disparaisse. Lavez comme d'ordinaire.

Moquettes

Vaporisez de l'eau de Seltz sur la tache et absorbez-la immédiatement avec du tissu éponge que vous piétinerez pour plus d'efficacité. Répétez l'opération jusqu'à ce que toute trace de tache ait disparu.

Vous pouvez aussi appliquer le « Superdétachant » (voir recette p. 54) après un traitement à l'eau de Seltz.

Voir aussi Baies.

G

****Glaces**

Voir Produits laitiers.

****Graisse (Taches de gras)**

Tissus:

Saupoudrez la tache avec de la farine ou du talc qui vont absorber le gras, laissez agir, puis secouez la farine avant de laver comme d'ordinaire.

Vous pouvez aussi faire couler de l'eau très chaude à travers le tissu taché puis appliquer de l'Huile essentielle diluée d'eucalyptus pour absorber le gras. Terminez par un lavage ordinaire.

Note: Évitez d'utiliser de l'Huile essentielle diluée d'eucalyptus sur des tissus délicats, tels que la soie. Faites un essai préalable sur une petite partie invisible du tissu ou de la moquette.

***Grille de barbecue**

Voir Grille de cuisson.

***Grille de cuisson**

Alors que la grille est encore chaude, saupoudrez-la généreusement de sel qui absorbera toute la graisse. Puis laissez sécher avant de brosser pour débarrasser la grille du sel.

Si vous devez utiliser une grille de cuisson qui a besoin d'un nettoyage, grattez-la avec de l'eau salée à l'aide d'une brosse douce. Séchez avec un chiffon. Enduisez la plaque d'un peu d'huile végétale ou d'huile de lin pour prévenir la rouille.

H

****Herbe**

Pour enlever des taches d'herbe sur un tissu, trempez la surface tachée dans du vinaigre blanc puis lavez dans l'eau chaude.

Vous pouvez aussi tamponner la tache avec de l'Huile essentielle diluée d'eucalyptus avant de laver comme d'ordinaire.

****Huile**
Voir Graisse.

****Huile de coco**
Voir Graisse.

J

***Jaunissement du linge**
Voir Tissus jaunis.

***Joints**
Les joints redeviendront nets si vous les brossez avec du borax à l'aide d'une petite brosse dure humide.
Pour des taches tenaces, utilisez « La poudre à récurer ultra-efficace ». Passez-la dans les joints avec de l'eau chaude et laissez agir pendant au moins une heure avant de rincer.

***Jouets**
S'il s'agit de jouets lavables, lavez-les soit à la main soit à la machine (programme « délicat ») ou utilisez la lessive « tous textiles » (voir recette page 63) ou la lessive pour linge délicat. (voir recette page 65)
Pour ceux que vous ne pouvez pas laver, saupoudrez la surface à nettoyer de bicarbonate de soude, laissez poser dix minutes puis époussetez.

****Jus de fruits**
Voir Fruits.

K

****Ketchup**

Voir Sauce de barbecue.

L

***Laiton**

Pour l'entretien ordinaire des objets en laiton, les laver dans l'eau chaude additionnée d'un peu de savon de Castille liquide.

Pour raviver le laiton terni, essayer cette méthode : saupoudrer de sel un demi-citron et frotter le métal. Rincer soigneusement. Le jus de citron en bouteille additionné de sel sera aussi efficace.

Les traces de corrosion qui apparaissent parfois sur le laiton disparaîtront si vous les frottez avec un chiffon trempé dans du lait battu. Pour terminer, bien rincer à l'eau et sécher avec un chiffon propre et doux.

***Lingerie**

La lingerie a tendance à jaunir avec le temps. Pour raviver le blanc, passez sur les articles de lingerie une éponge imprégnée d'une solution faite de borax et de jus de citron.

Vous pouvez aussi utiliser un demi-citron pour appliquer la poudre de borax sur la surface jaunie en veillant bien à humidifier suffisamment le tissu. Laissez sécher puis lavez comme d'ordinaire. Faites sécher au soleil.

***Linoléum**

Pour nettoyer les sols en linoléum, utilisez le « Liquide basique pour revêtements de sol ».

Voir recette p. 59

***Lit mouillé**

Absorbez au maximun le liquide puis ajoutez trois gouttes d'Huile essentielle diluée d'eucalyptus ou de tea tree à une tasse de bicarbonate de soude, et saupoudrez généreusement la surface tachée.

Laissez sécher, au soleil si possible, et aspirez. Le bicarbonate de soude absorbera le liquide et désodorisera en même temps. Répétez l'opération si nécessaire.

***Livres**

Pour enlever les taches d'humidité, tamponnez-les avec du vinaigre blanc dilué : une grande cuillère de vinaigre blanc pour une demi-tasse d'eau.

Saupoudrez les surfaces tachetées avec de l'amidon de maïs, laissez à l'air un ou deux jours, puis époussetez les livres avant de les remettre en place.

Note : Pour éviter les taches d'humidité sur les livres, les ranger de façon à ce que l'air puisse circuler entre les livres.

****Lotion écran solaire**

Voir Écran solaire.

M

***Mains**

Pour enlever les taches de fruits et de légumes sur les mains, frottez-les avec une moitié de citron en ajoutant un peu de sucre qui aura un léger effet abrasif.

***Manches de couteaux en os**

Ceux-ci peuvent se tacher avec le temps. Pour les détacher, frottez-les doucement avec un demi-citron trempé dans du sel, puis rincez et séchez soigneusement.

****Mangue**
Voir Fruits.

****Maquillage**
Voir Cosmétiques.

***Marbre**
Pour le marbre qui s'est taché, frottez avec un demi-citron trempé dans du sel ou du bicarbonate de soude. Terminez en essuyant avec un chiffon que vous aurez trempé dans du vinaigre blanc et bien essoré.

****Marmelade**
Voir Miel.

***Marques de brûlé**
Tissus
Si le textile est blanc, imprégnez le tissu marqué en frottant avec du jus de citron puis laissez sécher au soleil.

Vous pouvez aussi le tremper dans une solution faite avec deux grandes cuillères de borax dissoutes dans un peu d'eau chaude auxquelles vous ajouterez deux tasses d'eau. Laissez tremper jusqu'à ce que la marque s'atténue puis lavez comme d'ordinaire.

Moquettes
Pour une tache d'un type particulier, consultez la rubrique correspondante.

Pour un renseignement général concernant le détachage des moquettes ou pour une recette permettant de nettoyer une moquette (voir page 58).

Utilisez de la laine d'acier fine pour éliminer la fibre brûlée ou des ciseaux à ongles. Puis passez une éponge imbibée de vinaigre blanc sur la surface abîmée.

Meubles

Vous pouvez enlever les marques blanches laissées par les tasses chaudes sur les meubles en les frottant avec un mélange moitié huile d'olive moitié sel.

Vous pouvez aussi frotter les marques blanches avec de la mayonnaise et laisser agir toute une nuit. Le lendemain vous essuierez la mayonnaise et les marques auront disparu.

***Marques d'ourlet**

Après avoir rallongé une jupe, vous pouvez effacer ces fameuses marques d'ourlet en les tamponnant avec du vinaigre blanc avant de repasser avec un fer chaud.

****Marqueurs**

Voir Crayon indélébile.

****Mascara**

Pour enlever les traces de mascara sur un vêtement, tamponnez avec un chiffon propre imprégné d'Huile essentielle diluée d'eucalyptus.

Note : Évitez d'utiliser de l'Huile essentielle diluée d'eucalyptus sur des tissus délicats, tels que la soie. Faites un essai préalable sur une petite partie invisible du tissu ou de la moquette.

***Matelas**

Voir les paragraphes spécifiques se rapportant aux tissus et aux taches.

Voir aussi Lit Mouillé.

****Matières fécales**

Voir Couches, Souillures d'animaux familiers.

****Mayonnaise**

Enlevez l'excédent avec une lame de couteau puis traiter comme une tache de gras. Voir Graisse.

****Médicaments**

Tissus

Passez le tissu immédiatement sous le robinet d'eau froide puis appliquez une pâte faite de borax et d'eau; laissez agir pendant quelques heures avant de laver comme d'ordinaire.

Vous pouvez aussi tamponner la tache avec un demi-citron trempé dans du sel; laissez sécher puis lavez comme d'ordinaire.

Moquettes

Vaporisez de l'eau de Seltz, puis absorbez autant de liquide que possible avec un tissu éponge. Si la tache persiste, saupoudrez la surface tachée avec du borax ou du bicarbonate de soude, laissez sécher puis passez l'aspirateur.

***Meubles en plastique**

Les taches disparaîtront si vous les frottez avec une pâte faite de bicarbonate de soude et d'eau. Terminez en essuyant avec un chiffon propre et humide.

Vous pouvez aussi utiliser « Le produit tous usages » (voir recette page 53).

***Micro-ondes**

Pour nettoyer votre micro-ondes, utilisez « Le produit nettoyant pour micro-ondes » (voir recette page 41).

****Miel**

Tissus

Passez sous l'eau chaude pour enlever le résidu de miel. Si la tache persiste, appliquez une pâte faite de borax et d'eau. Laissez sécher puis lavez comme d'ordinaire.

Moquettes

Passez une éponge imprégnée d'eau chaude. Si la tache persiste, saupoudrez avec du borax ou du bicarbonate de soude. Laissez sécher puis aspirez.

***Miroir**

Pour enlever des taches de peinture sur un miroir, frottez avec un chiffon imprégné de vinaigre blanc chaud.

Pour le nettoyage courant, utilisez une solution : moitié vinaigre blanc, moitié eau.

****Moisissures**

Tissus

Il suffit parfois d'un bon coup de brosse pour enlever les moisissures ou les taches d'humidité. À l'aide d'une brosse à dents, brossez vivement la surface tachée. Puis lavez dans l'eau chaude.

Vous pouvez aussi laisser tremper le tissu toute une nuit dans une solution composée d'une demi-tasse de vinaigre blanc additionnée d'une grande cuillère de sel. Puis lavez dans l'eau chaude et faites sécher au grand air.

Murs et plafonds

Lavez avec une solution composée d'un quart de tasse de bicarbonate de soude et d'une tasse d'eau chaude, puis essuyez avec du vinaigre blanc chaud. Si les taches sont tenaces, frottez avec du bicarbonate de soude sur un chiffon humide.

***Mouchoirs**

Versez une demi-tasse de sel dans un demi-seau d'eau, laissez tremper les mouchoirs avant de rincer à l'eau courante puis de laver comme d'ordinaire.

***Moules à gâteau**

Pour enlever les tâches noires qui parfois apparaissent sur les moules à gâteau, frottez-les avec un chiffon humide trempé dans du borax. Puis rincez les moules soigneusement avant de les sécher.

****Moutarde**

Voir Sauce barbecue.

****Mûres**

Pour enlever les tâches rouge foncé de mûres fraîches, utilisez des mûres vertes que vous frotterez sur la tache puis lavez comme d'ordinaire. Voir aussi Fruits.

N

****Nicotine**

Pour détacher un tissu, tamponnez avec un chiffon imbibé d'Huile essentielle diluée d'eucalyptus. L'Huile essentielle diluée d'eucalyptus enlèvera aussi les traces de nicotine sur les doigts.

***Nylon**

Pour traiter le jaunissement du nylon, faites tremper dans un seau d'eau chaude additionnée d'un quart de tasse de bicarbonate de soude, puis lavez comme d'ordinaire et laissez s'égoutter et sécher à l'abri du soleil.

O

****Œufs**

Tissus

Retirez l'excédent d'œuf avec de l'eau puis faites tremper l'article taché dans un seau d'eau froide additionnée d'un quart de tasse de sel.

Moquettes

Passez une éponge imbibée d'eau froide salée.

Porcelaine et couverts

Essuyez avec du sel humide.

Note: N'utilisez pas d'eau chaude pour enlever les taches d'œuf. La chaleur cuit l'œuf et le rend plus difficile à enlever.

****Ombre à paupières**

Voir Cosmétiques.

****Orange**

Voir Fruits.

***Ordinateurs**

Tout votre équipement de bureau restera propre avec un simple coup de chiffon imbibé de vinaigre blanc. Utilisez un chiffon qui ne peluche pas pour un résultat parfait.

Ajoutez six gouttes d'Huile essentielle diluée de tea tree à 2 tasses d'eau, puis vaporisez ce mélange sur un chiffon avant d'essuyer votre matériel. (Laisse une odeur fraîche et agréable.)

P

***Papiers peints**

Utilisez du savon de Castille liquide dissous dans un seau d'eau chaude pour nettoyer les papiers peints lavables. Suivez les consignes données à la page 50 pour laver les papiers peints.

Pour des traces sur un papier peint non lavable, frottez avec un peu de borax et brossez doucement. Une gomme ou même une boule de mie de pain blanc bien compacte peut enlever des traces sur un papier peint.

***Papier vinyl**

Utilisez du vinaigre blanc chaud pour nettoyer le papier vinyl.

****Parfum**

Vaporisez immédiatement avec de l'eau de Seltz puis absorbez le liquide avec du tissu éponge. Si la tache persiste, tamponnez avec de la glycérine, laissez agir deux heures avant de laver comme d'ordinaire ou de passer une éponge imprégnée d'eau chaude.

*** Peau**

Voir Mains.

****Pêches**

Voir Fruits.

****Peinture**

Les taches de peinture s'enlèvent avec du vinaigre blanc chaud. Frottez avec un chiffon propre trempé dans le vinaigre jusqu'à ce que les taches disparaissent. Le vinaigre est aussi efficace pour nettoyer les pinceaux: trempez-les dans du vinaigre chaud pendant deux heures puis lavez-les dans de l'eau chaude savonneuse. Rincez-les soigneusement

****Piment**

Voir Sauce barbecue.

***Plats à rôtir**

Pour enlever le brûlé au fond d'un plat, appliquer généreusement de la pâte élaborée avec du bicarbonate de soude et de l'eau. Laisser agir toute une nuit, racler les résidus, puis laver dans de l'eau chaude savonneuse.

***Plaques de four**

Voir Moules à gâteau.

***Plaques de cuisson**

Voir Cuisinière.

***Poêles anti-adhésives**

Pour enlever les taches, diluez une grande cuillère de bicarbonate de soude dans une tasse d'eau, portez à ébullition, laissez agir... puis rincez soigneusement la poêle.

***Pointes feutres et marqueurs**

Voir Crayon indélébile.

***Porcelaine**

Frottez les tâches avec une pâte faite de bicarbonate de soude et d'eau pour les faire disparaître sans rayer la porcelaine.

***Portes/Portes en bois**

Voir Portes peintes.

***Portes de douche en verre**

Pour éliminer les résidus savonneux, mélangez deux grandes cuillères de sel avec une demi-tasse de jus de citron, ou 2 grandes cuillères de borax avec une demi-tasse de jus de citron et frottez avec ce mélange.

***Portes peintes**

La plupart des marques et salissures sur les portes peintes disparaîtront si vous les essuyez avec un chiffon propre imprégné de vinaigre blanc ou de bicarbonate de soude.

****Produits laitiers**

Tissus

Faites tremper l'article dans l'eau froide avant de laver comme d'ordinaire.

Moquettes

Ramassez avec un tissu éponge puis saupoudrez avec du bicarbonate de soude qui absorbera le lait et préviendra toute odeur de lait tourné.

Une fois la poudre bien sèche, passez l'aspirateur.

R

****Rayures**

Sur les meubles en bois ordinaire, enlevez les rayures en frottant avec un mélange composé à parts égales de jus de citron et d'huile végétale.

***Réfrigérateur**

Pour nettoyer l'extérieur émaillé de votre réfrigérateur, essuyez-le simplement avec un chiffon trempé dans du vinaigre blanc.

Avec un chiffon trempé dans du bicarbonate de soude, vous pourrez éliminer les traces brunâtres qui se forment parfois sur les réfrigérateurs. Essuyez avec du vinaigre blanc. Pour un nettoyage plus efficace utilisez le « Mélange spécial pour meubles et équipements de cuisine ».

***Rideaux**

Pour le détachage reportez-vous au paragraphe concernant le type de matière qui les constitue : plastique, vinyl, tissu.

Les rideaux ont tendance à se tacher plus facilement avec le temps s'ils ne sont pas brossés ou aspirés régulièrement. Pour laver des rideaux lavables, enlevez tous les accessoires et trempez-les dans un baquet d'eau froide pour que les fibres du tissu se détendent et libèrent la saleté. Puis lavez à la machine en utilisant soit du savon de Castille liquide soit « La lessive tous textiles » (recette p 63). Séchez au grand air mais à l'ombre.

***Rideaux de douche**

Pour enlever les taches d'humidité et les résidus savonneux, frottez les rideaux de douche avec du vinaigre blanc chaud. Lavez dans l'eau chaude savonneuse, rincez et faites sécher au grand air.

Pour éviter les moisissures sur vos rideaux de douche, faites-les tremper dans un bain d'eau salée (environ une tasse de sel).

***Rideaux de douche en nylon**

Voir Rideaux de douche.

***Rideaux en plastique**

Voir Rideaux de douche.

***Robinets**

Voir Chrome.

****Robinets qui gouttent**

Pour enlever les traces laissées par un robinet qui goutte, appliquez une pâte faite de borax et d'eau. Laissez agir une heure avant de rincer. Répétez l'opération si nécessaire en laissant la pâte posée plus longtemps cette fois.

***Rotin**

Le rotin reprendra son brillant d'origine si vous le frottez avec un chiffon humide trempé dans du bicarbonate de soude. Terminez en essuyant avec un chiffon humide pour enlever tout résidu de poudre.

Vous pouvez aussi essayer la formule spéciale rotin page 52.

****Rouge à lèvres**

L'Huile essentielle diluée d'eucalyptus enlèvera une tache de rouge à lèvres sur une moquette ou un tissu. Versez quelques gouttes sur un chiffon et tamponnez la tache jusqu'à ce qu'elle disparaisse.

Faites pénétrer de la vaseline ou de la glycérine dans la tache avant le lavage.

****Rouille**

Tissus

Saupoudrez la surface tachée avec une bonne dose de sel puis frottez dans du jus de citron; mettez le vêtement au soleil en remouillant avec du jus de citron à chaque fois qu'il sèche, puis rincez le vêtement

Vous pouvez aussi saupoudrer la surface tachée avec de la crème de tartre puis tremper le tissu dans de l'eau chaude.

Moquettes

Enlevez la rouille avec une éponge imprégnée de sel et de jus de citron.

S

****Safran**

Voir Curry.

****Sang**

Tissus

Si possible passer aussitôt la tache sous le robinet d'eau froide puis faire tremper pendant plusieurs heures avant de laver comme d'ordinaire. Utiliser de l'eau à peine tiède.

S'il s'agit d'une toute petite tache de sang, un peu de salive la fera disparaître. Cracher sur la tache, attendre quelques minutes puis laver.

Si le sang a séché sur le tissu, appliquer une pâte faite de borax et d'eau. Laisser sécher puis brosser. Laver comme d'ordinaire.

Moquettes

Pour les taches fraîches, nettoyer avec une éponge imbibée d'eau froide. Si cela ne suffit pas, verser de l'eau de Seltz sur la surface tachée et absorber au mieux le liquide avec une serviette éponge, piétiner la serviette pour plus d'efficacité.

Répéter le processus jusqu'à ce que la tache disparaisse.

Si la tache est sèche, appliquer une pâte faite de borax et d'eau sur la surface tachée, laisser sécher puis brosser ou passer l'aspirateur.

L'Huile essentielle diluée d'eucalyptus est efficace sur les taches de sang. Verser quelques gouttes sur un chiffon sec et tamponner la tache jusqu'à ce qu'elle disparaisse.

Note : Évitez d'utiliser de l'Huile essentielle diluée d'eucalyptus sur des tissus délicats, tels que la soie. Faites un essai préalable sur une petite partie invisible du tissu ou de la moquette.

Ne jamais utiliser d'eau chaude sur une tache de sang, cela fixe la tache.

****Sauce**

Enlever le surplus avec une lame de couteau, puis traiter comme une tache de graisse. (Voir Graisse).

****Sauce au fromage**

Voir graisse.

****Sauce de barbecue**

Tissus

Rincer immédiatement sous le robinet d'eau froide puis faire tremper dans un demi-seau d'eau additionnée d'une demi-tasse de vinaigre blanc pendant une demi-heure avant de laver comme d'ordinaire.

Si la tache persiste, appliquer une pâte faite d'un mélange de crème de tartre et d'eau. Laisser sécher puis laver.

Moquettes

Gratter tout excédent puis vaporiser sur la tache de l'eau de Seltz. Avec un tissu éponge absorber le maximum de liquide et répéter le processus jusqu'à l'élimination parfaite de la tache.

****Sauce de salade**

Enlever l'excédent avec une lame de couteau, puis traiter comme un tache de graisse. (Voir Graisse).

****Sirop**

Tissus

Faites tremper dans une solution composée d'une demi-tasse de vinaigre blanc diluée dans une demi-tasse d'eau chaude jusqu'à ce que le sirop soit dissous, puis lavez comme d'ordinaire.

Vous pouvez aussi ajouter un quart de tasse de borax à deux tasses d'eau chaude et laisser tremper dans cette solution avant de laver comme d'ordinaire.

Moquettes

Essuyez à l'aide d'une éponge imbibée d'une des solutions proposées ci-dessus pour les tissus.

***Sols vinyl**

Pour nettoyer un sol vinyl, utilisez le « Liquide basique pour revêtement de sol » (voir recette page 59) ou le « Liquide sols nets » (voir recette page 60) pour un sol particulièrement encrassé.

Pour enlever les traces de semelles, versez un peu d'Huile essentielle diluée d'eucalyptus sur un chiffon propre et frottez, les traces disparaîtront.

****Souillures d'animaux familiers**

Grattez tout ce qui est solide, puis nettoyez avec une solution composée d'un quart de tasse de vinaigre blanc et de deux tasses d'eau. Saupoudrez la surface avec du bicarbonate de soude, laissez agir pendant quelques heures puis aspirez.

****Soupe**

Vous traiterez les taches de soupe en fonction des ingrédients contenus dans la soupe. D'une façon générale l'eau de Seltz est efficace. Vaporisez sur la tache de l'eau de Seltz et à l'aide d'un tissu éponge, absorbez le liquide. Si la tache persiste après ce traitement, trempez-la dans un seau d'eau additionnée d'un quart de tasse de borax dissous dans une demi-tasse d'eau chaude ou passez un peu de cette solution à l'éponge sur la tache.

****Sperme**

Tissus

Trempez dans un seau d'eau additionnée d'un quart de tasse de borax dissous dans une demi-tasse d'eau chaude puis lavez comme d'ordinaire.

Matelas

Avec une éponge imprégnée d'une solution composée d'une grande cuillère de borax dissoute dans un peu d'eau chaude et de deux tasses d'eau, nettoyez la tache puis épongez à nouveau avec de l'eau chaude, laissez bien sécher.

****Suie**

Tissus

Utilisez du rouleau adhésif pour enlever la suie au maximum. Évitez de frotter, vous étaleriez la tache. Tamponnez avec de l'Huile essentielle diluée d'eucalyptus, laissez agir pendant une heure et lavez comme d'ordinaire.

Moquettes

Aspirez autant de suie que possible. Puis saupoudrez la

surface tachée de sel pour absorber la suie. Aspirez à nouveau. Si la tache persiste, passez une éponge mouillée d'eau chaude.

**Sueur

Voir Taches de transpiration.

T

Taches d'humidité

Voir Moisissures.

Taches d'imprimerie

Tamponnez la surface tachée avec de la glycérine pour diluer l'encre, puis épongez avec une solution faite d'un quart de tasse de vinaigre blanc et d'une tasse d'eau.

** **Taches de mouches**

Ces minuscules taches de mouche disparaîtront en les frottant avec un chiffon humide trempé dans du bicarbonate de soude. Puis vous essuierez avec un chiffon humide imprégné de vinaigre blanc.

Taches de nourriture

Quelle que soit la tache, commencez par éponger avec une solution faite de vinaigre blanc et de savon liquide. Ceci peut suffire à enlever toute trace de tache que ce soit sur les moquettes ou les tissus. Sinon essayez une des suggestions que vous trouverez aux paragraphes concernant la nourriture ou à « Linge impeccable ».

Taches de poisson

Pour un vêtement taché de mucus de poisson, éliminez-le dès que possible sous l'eau froide puis laissez tremper toute une nuit dans un seau d'eau froide additionnée d'une demi-tasse de vinaigre blanc. Puis lavez comme d'ordinaire.

****Taches de thé**

Tissus

Rincez à l'eau froide avant d'appliquer un peu de jus de citron. Puis lavez comme d'ordinaire.

Vous pouvez aussi faire tremper dans deux tasses d'eau additionnées d'une grande cuillère de borax dissoute dans un peu d'eau chaude pendant deux heures environ.

Moquettes

Vaporisez de l'eau de Seltz puis absorbez le liquide avec du tissu éponge. Répétez l'opération jusqu'à ce que toute trace de tache ait disparu.

****Taches de transpiration**

Elles disparaîtront si vous faites tremper le vêtement dans un seau d'eau chaude additionnée d'un quart de tasse de bicarbonate de soude. Laissez tremper pendant deux heures environ avant de laver comme d'ordinaire.

****Taches de vert de sève/taches d'herbe**

Tamponner avec de l'Huile essentielle diluée d'eucalyptus jusqu'à ce que le vert disparaisse puis laver comme d'ordinaire.

Note: Ne pas utiliser l'Huile essentielle diluée d'eucalyptus sur les tissus délicats tels que la soie. Faire un essai au préalable sur un endroit invisible.

***Tapis**

Voir Moquette page 57.

***Tapis en peau de mouton**

Frottez la tache avec un peu de bicarbonate de soude, laissez agir avant de brosser ou de secouer.

Pour des taches plus tenaces, utilisez une éponge imprégnée d'une solution faite d'une grande cuillère de borax diluée dans une tasse d'eau chaude, puis épongez avec un chiffon trempé dans du vinaigre blanc et faites sécher le tapis à l'extérieur.

****Teinture pour cheveux**

Tissus

Aspergez d'eau froide puis faites tremper dans un seau d'eau additionnée d'un quart de tasse de borax dissous dans une demi-tasse d'eau chaude.

Moquettes

Agissez rapidement : versez ou vaporisez de l'eau de Seltz sur la surface tachée, puis absorber le liquide avec un chiffon propre ou une serviette de toilette. Saupoudrez la surface tachée de borax, laissez sécher puis aspirez.

****Thé :**

- Bouilloire :

Pour éliminer le dépôt qui se forme à l'intérieur d'une bouilloire, diluez une tasse de vinaigre blanc dans une tasse d'eau et portez à ébullition. Videz et rincez soigneusement.

- thé (voir Taches de thé).

***Théière**

Pour nettoyer l'intérieur d'une théière, frottez-le avec du sel humide, puis rincez à l'eau très chaude.

Vous pouvez aussi verser de l'eau chaude dans la théière et ajouter une grande cuillère de bicarbonate de soude. Laissez agir une heure puis videz une partie du liquide et utilisez une brosse pour obtenir une surface nette. Rincez soigneusement.

***Tissus**

Voir le paragraphe correspondant au type de tache.

***Tissus jaunis**

Pour traiter le jaunissement des tissus blancs, faites les tremper dans un seau d'eau additionnée d'une demi-tasse de vinaigre blanc ou de jus de citron, puis lavez comme d'ordinaire.

****Tomate**

Tissus

Pour enlever les taches de tomate, faites tremper dans une solution composée de deux tasses d'eau additionnées d'une grande cuillère de borax dissoute dans un peu d'eau chaude.

Moquettes

Utilisez la même solution que sur les tissus.

****Traces de doigts**

Pour enlever les traces de doigts sur les meubles ou les murs, essuyez avec un chiffon trempé soit dans:
- le vinaigre blanc
- le bicarbonate de soude
- l'Huile essentielle d'eucalyptus diluée.

****Traces d'eau**

Pour enlever les traces de calcaire sur les ustensiles de cuisine, remplissez l'ustensile, ajoutez une grande cuillère de crème de tartre et laissez frémir pendant dix minutes. Rincez et essuyez soigneusement.

****Traces de pieds**

Pour enlever les traces de pieds sur le sol, frottez avec un chiffon propre imprégné d'un peu d'huile d'eucalyptus.

***Tuyaux d'écoulement**

Pour déboucher les tuyaux, versez une demi-tasse de cristaux de soude ou de bicarbonate de soude dans le tuyau suivie d'une demi-tasse de vinaigre blanc. Laissez agir une heure environ, puis versez une demi-tasse de sel et cinq ou six tasses d'eau bouillante.

U

****Urine**

Pour nettoyer de l'urine sur une moquette ou tout autre sol, épongez bien le liquide avec une serpillière ou un tissu absorbant, puis saupoudrez généreusement de bicarbonate de soude en y ajoutant trois gouttes d'Huile essentielle diluée d'eucalyptus ou de tea tree. Laissez agir jusqu'à ce que toute l'urine soit absorbée, puis aspirez. Terminez en passant une éponge imprégnée de vinaigre blanc et d'eau pour désodoriser et traiter la tache.

***Ustensiles de cuisine**

Pour enlever les restes de nourriture brûlée au fond des ustensiles de cuisine, portez un mélange d'une grande cuillère de bicarbonate de soude et d'une tasse d'eau à ébullition dans l'ustensile, laissez agir puis rincez soigneusement. Répétez l'opération si nécessaire.

***Ustensiles de cuisine en cuivre rouge**

Voir Cuivre rouge.

V

****Vernis à ongles**

Achetez un dissolvant à ongles organique en vente dans le commerce pour enlever du vernis à ongles sur du tissu ou une moquette.

Absorbez-le avec un buvard aussi vite que possible, puis tamponnez la tache avec du dissolvant que vous aurez préalablement testé sur une partie invisible du textile.

***Verre**

Pour enlever les taches sur des surfaces en verre telles que les portes de four, frottez avec un chiffon humide trempé dans du bicarbonate de soude.

Pour enlever les taches de peinture, frottez avec du vinaigre blanc chaud sur un chiffon.

Pour le verre en général, utilisez une solution moitié vinaigre blanc moitié eau. Vaporisez sur le verre et nettoyez en essuyant.

Pour les vitres, vous pouvez utiliser le « Produit à vitres anti-traces antipoussières (voir page 56).

***Verrerie**

Voir Verrerie en cristal.

***Verrerie en cristal**

Lavez avec une solution faite d'une demi-tasse de vinaigre blanc et d'une tasse et demie d'eau chaude. Puis laissez sécher les verres.

****Vin**

Voir Alcool ; Vin rouge.

****Vin rouge**

Versez du vin blanc sans attendre sur la surface tachée puis absorbez le liquide avec du tissu éponge avant d'asperger d'eau de Seltz. Avec un tissu éponge sec, absorbez à nouveau le liquide et répétez l'opération jusqu'à ce que toute trace de tache ait disparu. Si vous n'avez pas de vin blanc, appliquez l'eau de Seltz immédiatement.

Pour de petites taches saupoudrez-les généreusement de sel, laissez agir jusqu'à complète absorption du liquide, puis aspirez. Si une tache persiste, élaborez une pâte avec une grande cuillère de borax et une grande cuillère de bicarbonate de soude, que vous mélangerez avec de l'eau, puis frottez la surface tachée. Laissez agir une demi-heure et rincez à l'eau claire.

Voir aussi Alcool.

***Vinyl**

Lavez les garnitures et capitonnages en vinyl avec de l'eau chaude à laquelle vous aurez ajouté du savon de Castille liquide. Vous pouvez aussi utiliser « Le mélange doux pour cuir » (voir recette page 54) sur le vinyl ainsi que le mélange « Pour traiter le cuir » (voir page 55).

****Vomi**

Tissus

Enlevez tout résidu solide, puis faites tremper dans le mélange pour « Prétrempage » (voir recette page 62) avant de laver comme d'ordinaire.

Moquettes

Enlevez tout résidu solide. Saupoudrez généreusement de bicarbonate de soude et laissez sécher. Aspirez la poudre et passez une éponge imprégnée de vinaigre blanc.

Y

****Yaourts**

Voir Produits laitiers.

Z

****Zinc**

La crème de zinc protège efficacement la peau des coups de soleil mais elle peut aussi tacher les vêtements, en particulier ceux que vous enfilez par la tête. Pour enlever les traces de crème de zinc, frottez avec une éponge imbibée de vinaigre chaud, puis lavez comme d'ordinaire.

Chapitre V

Le guide des poids et mesures

¼ de petite cuillère	1,25 ml
½ petite cuillère	2,5 ml
1 petite cuillère	5 ml
1 grande cuillère ou 4 petites cuillères	20 ml

Tasse	250 ml
1/4	60 ml
1/3	90 ml
1/2	125 ml
2/3	150 ml
3/4	180 ml
1	250 ml
1.¼	300 ml
1.½	375 ml
1.2/3	400 ml
1.¾	440 ml
2	500 ml
3	750 ml
4	1 l

Index

A

B

Note : Les mots marqués * ou ** figurent dans le A à Z

C

D

E

F

G

H

I

J

K

L

M

N

O

P

R

S

T

U

V

Y

Z

Table des matières

Achevé d'imprimer sur les presses de l'Imprimerie BARNÉOUD
B.P. 44 - 53960 BONCHAMP-LÈS-LAVAL
Dépôt légal : juin 2009 - N° d'imprimeur : 906036
Imprimé en France